E. ヤング＝ブルーエル

なぜアーレントが重要なのか

矢野久美子 訳

みすず書房

WHY ARENDT MATTERS

by

Elisabeth Young - Bruehl

First published by Yale University Press, New Haven & London 2006

Japanese translation rights arranged with
Georges Borchardt, Inc., New York through
The Asano Agency, Inc., Tokyo

目次

凡例

一、原著のイタリック体は、強調の場合は〈 〉もしくは傍点、書名・論文名の場合はそれぞれ『 』「 」で示した。
一、原著の‘ ’は《 》で囲んで示した。
一、原著の著者による補綴や挿入注は［ ］で囲んで示した。
一、訳者による補足説明は、本文中に〔 〕で囲んで示した。
一、邦訳のあるアーレントの著作については、そのつど参照したが、すべて原典にあたり、原著から訳出した。

序章

「悪の陳腐さ」The banality of evil――ハンナ・アーレントが広く知られるようになったのは、繰り返しとり上げられるその言葉によってだった。政治理論家で哲学者であった彼女は、一九七五年に亡くなるまでに十冊を超える内容の濃い書物を書き、そのうちの幾つかは政治分析の傑作となった。そして亡くなってからは、彼女を主題とした本や論文が何百と出されている。そんな彼女が、the banality of evil というたった四つの単語によって、ニュースピーク〔世論操作のために用いる言葉。ジョージ・オーウェルが『一九八四年』で用いた造語〕のなかで生き長らえているのだ。その言葉はそれ自体が、あるいは『イェルサレムのアイヒマン――悪の陳腐さについての報告』という彼女の著作の副題に置かれている時でさえも、示唆に富み、多くのことを予感させる。しかし、解釈されなければ、それは何を意味しているわけでもない。

「悪の陳腐さ」という言葉は、衝撃的で理解しがたい大規模な犯罪が起こるたびに、朝刊に登場したり、テレビで評論家の口からとび出してきたりするのだが、そうした時、人びとはどのように思っているのだろうか。最近では、『ニューヨーク・タイムズ』のウィーク・イン・レヴューが、第一面で、ナチのアドルフ・アイヒマンが一九六一年に裁判をうけた時の写真と、目下裁判中のサダム・フセインの写真をならべ、「陳腐さから横柄さへ」From Banality to Audacity という見出しをつけていた。その説明文では、アーレントの言葉が案の定うやうやしく引き合いに出されていた――そしてまったく誤解されていた。

普通の言い回しでは、〈悪〉という抽象名詞は〈善〉と同じようにほとんど形容詞を必要としない。〈悪〉と組み合わされる時、〈陳腐さ〉という名詞はいったいどんな意味をもつだろうか。皮相な、平凡な、退屈な、浅薄な――これらは、悪の特徴ではなく人物の特性なのではないだろうか。

ハンナ・アーレント自身が「悪の陳腐さ」という言葉で何を意味していたかを理解するためには、イマニュエル・カントのことを少しばかり知る必要がある。カントはケーニヒスベルク（今のカリーニングラード）の啓蒙主義時代の哲人であり、バルト海に面したその都市は当時の東プロイセン、今はロシアに属していて、アーレント自身が一九〇六年にその地で生まれ大学生になるまで過ごした。カントにとっては、〈悪〉という抽象名詞は形容詞を必要とする場合がある。〈根源的な〉という形容詞だ。根源的な悪とは、カントによれば、悪い動機や悪を行う意図や人間の悪い心に根ざす（そこに〈根〉をもっている）タイプの悪である。カントは根源的な悪をめったにないものと見なし、無知や、善を行おうとして失敗したことから為される悪とはまったく別のものととらえた。アーレントは初期の著作で、ナチの強制収容所、彼女が「死の工場」と呼んだものについて考えようとした時、カントのこの語句をとり入れた。当時彼女が感じていたのは、悪を行う意図、常識的な推論の外部で何かを成し遂げようとする意図がなければ、そのようなものは発明されえなかったということだった。組織的に人間から人間性を剝がしとり、灰へと還元してしまう工場は、いかなる軍事作戦や経済計画にとっても有用性がなかったのである。

イェルサレムで一九六一年の裁判を傍聴し、奇妙な官僚ドイツ語を話すアイヒマンその人を見た後で、アーレントが結論づけたのは、アイヒマンが浅はかな人物で、自分の属する根っから陳腐な社会への根っからの順応者であり、独立した責任感がなく、ナチの階層秩序のなかで出世したいという望みにしか興味がないということだった。決定的なことに、彼には「思考が欠如」していた。アーレントがそれによって言い表そうとしたのは注意力のなさではなく、良識あるいは考える能力が欠如していることである。彼は道徳律を暗誦することができた。それどころか求められれば、カントの定言命令を暗誦することさえできた。定言命令は、万人に当てはまる規則としてはならないような規則には、したがうべきではないとする。しかしアイヒマンは、アーレントが道徳的〈経験〉に欠かせないものと見なしていた問いを、自問することも考えることもできなかった。それは彼女が（きわめて挑発的に）規則にしたがうという問題ではけっしてないと見なしたものであった。すなわち、「この行為を行った場合、わたしはわたし自身と共に生きられるか」という問いである。

アイヒマン裁判についての報告のなかでは、アーレントはなぜアイヒマンが思考の欠如した人間になったかということの分析や、道徳的経験一般についての考察は提供していない。しかし、彼女はアイヒマンの証言から、彼が考えることなくただ同調するようになったまさにその時点を見てとった。それは、SS情報局のトップであるラインハルト・ハイトリッヒがアイヒマンに、一九四一年七月三一日にユダヤ人問題の最終解決——つまりユダヤ人の根絶——が政策になったということを、知らせてからの四週間である。この四週間のうちに、アイヒマンにはポーランドの恐ろしい殺戮装置の準備段階を直接観察する機会があり、彼はそれに不快を感じた。しかしその後、あれほど不快を感じていた、そのような死へとユダヤ人を移送する任務を、彼は引き受けた。アーレントは次のように言っている。「一人の平均的な人間が、犯罪にたいする生来の嫌悪感を克服するのにどのくらいの時間がかかるか、そしていったんそこまで達すると彼はどうなるかということは、政治的には大いに重要なことなのだ……そう、彼に良心はあった。しかし彼の良心がそうであってほしい仕方で機能したのはおよそ四週間ばかりで、その後は逆の方向で機能しはじめた(1)」。

アーレントの推測によれば、アイヒマンが効率的に公務を執行できたことには二つの鍵があった。第一にアイヒマンは、とりわけSS長官ハインリッヒ・ヒムラーによって奨励された思想をうけ入れ、大量殺戮は、偉大な勇気や総統への忠誠や死刑執行人であることにともなう苦痛に耐える能力を必要とする英雄的な任務であると考えた。第二に、そこらじゅうにいる死んだ人びとを見ることに慣れた時、アイヒマンは（彼の表現によれば）「違った個人的態度」をとった。「今日死ぬかあるいは明日死ぬかということなど、われわれは気にしなかった(2)」。英雄であることを（支配的な考えに調和することとして）再定義し、人間の生に無関心になった時、アイヒマンは新しい良心にしたがう用意ができた。アーレントは彼が「犯罪にたいして生来の嫌悪感」を抱いていたと想定したが、根源的であれ思考が欠如したそれであれ、人びとが一般的に悪への本能をもって生まれるのか、それとも人生の早い時期に悪への性向を形成するのかということについては、報告のなかでは問わなかった。彼女は明らかに心理学的な問いから距離をとっていた――十五年後に最後の仕事『精神の生活』でアイヒマンを考察した際には、彼の事例を包含するある種の哲学的心理学を利用したのではあったが。

アーレントが「悪の陳腐さ」という言葉でとらえようとしたのは、アイヒマンのような人びとに本来備わった、思考を停止するという特殊な能力から生まれる種類の悪だった。その思考の欠如は、実際に周りの誰もが疑いを入れずにヒトラーの殺人命令と輝かしい千年王国の理想像にしたがったということによって、助長されていた。しかし、彼女の判断はもっと大きな振り子をもつものだった。というのも、彼女はこの〈無思考〉という言葉を何年も使い続けていた。一九五八年の著作『人間の条件』で現代的な条件一般のもとでの生について書いた時、彼女はその語の定義を示していた。「思考の欠如――思慮のない無謀さ、絶望的な混乱状態、あるいはありふれて空虚なものになった《真理》を悦に入って繰り返すこと――は、私たちの時代の顕著な特徴の一つであるとわたしには思われる」(3)。

もし「悪の陳腐さ」という言葉が、繰り返しの回路から取り出され、解きほぐされ、探究され、思考を触発するものとして使われ、レンズとして掲げられたなら、その言葉はもっと面白く、もっと挑戦的になる――本当に大きな意味をもつ。そしてそれがハンナ・アーレントの仕事へと向けられるなら、その言葉は、彼女の思考の核心へと、彼女がこだわり続けた事柄へと、彼女が成熟してから生涯ずっと考えに考えた果てしない意味をもつ思想の断片へと、あなたを連れて行くだろう。そして、これらの思想やアーレントがそれをどのように使ったかという範例こそが、思考し行動する人びと、つまり市民としての私たちにとって、今、アーレントが重要である理由にほかならない。

アーレントの考えでは、二〇世紀半ばに新しい種類の犯罪が世界に現れた。結果を考慮しない官僚、犯罪的国家の代理人は、世界にたいしてあまりにも関心をもたなくなって――あるいは世界から疎遠になって――いるので、いわばついでながらに世界の荒廃をうながしてしまう。社会の全表層に広がるそうした陳腐な人びとや彼らによる考えなしの悪行にのみ込まれないように抵抗するためには、稀有な勇気と真の思慮が必要とされた。アイヒマン報告のなかでアーレントは次のように書いている。「第三帝国の状況のもとでは、《正常に》反応するものと期待しえたのは《例外者》のみだった。事柄のこの単純な真実が、「イスラエルの」判事たちにとっては、解決することも避けて通ることもできないディレンマを生み出したのである」(4)。

しかしアーレントは、悪の陳腐さという暗黒の油膜に抵抗しうるタイプの人間、ましてや〈新しい〉タイプの人間がいると考えてはいなかった。むしろ、唯一無二の個々人がいて、彼らの行為が光を発していた。「最も暗い時代でさえ」と、アーレントは一九六八年に書いている。「私たちには何らかの燈火を期待する権利がある。［これは］理論や概念からというよりも、むしろ不確かでちらちらと揺れ動く、多くは弱い光から、ほとんどどんな環境にあっても幾人かの男たち女たちが、人生や仕事のなかでともす光から生じる。そうした光は、地上で彼らに与えられた生を超えて輝くのだ(5)」。

「暗い時代に」*in finsteren Zeiten* というのは、詩人ベルトルト・ブレヒトの言葉であった。悪い行いが存在し、新しい種類の悪行さえある。しかしそれらは暗さを作り上げているものではない。暗さが生じるのは、人びとのあいだの開かれた明るい空間、人びとが姿を現すことのできる公的な空間が避けられて使われなくなる時なのだ。つまり、暗さは公的領域や政治を忌み嫌う態度である。「歴史には公的領域が不明瞭になった時期が何度もありました。そんなとき、世界はあまりにも見通しがつかなくなるため、人びとが政治に求めるものは、自分たちの死活的な問題や個人的自由にとっての当然の配慮が示されること以上のものではなくなったのでした(6)」。世界に見切りをつけた人びとは、世界の外で、つまり世界あるいは公的領域において自分を見せることなしに、私的な友情あるいは孤独な仕事のなかだけでやっていけると思っている。しかし、彼らは、人類の残りの人びとを気にかけずに追求された「死活的な問題や個人的自由」には意味がなくなるということを理解していない。

幸運にもアーレントは彼女自身の人生のなかで、光をともす非凡な人びとに数多く巡り会った。彼女がとりわけ尊敬していた偉大な教師である哲学者のカール・ヤスパースは、プロテスタント信者で妻はユダヤ人であったが、断固とした態度を示し、一九三三年にはナチへの反対をはっきりと表明した。そうした表明が疑いなく生活に犠牲を強いるような時期であった。彼はその後の十年間ずっと、抵抗が命を奪うことになりかねなかったにもかかわらず、ハイデルベルクで生活し教壇に立ちながら、確固として抵抗の姿勢をとり続けた。ヤスパース夫妻は、第二次世界大戦の最後の時期、強制収容所に移送される寸前のところで、救出された。戦後、ヤスパースはアーレントの知人たちのなかで、世界をけっして蔑まなかった知識人として独自ともいえる位置を占めた。彼はけっして自分自身へと退却することがなく、「独立した天性」――ある種の「快活な無頓着さ」――によって公的生活の潮流に身をさらし、公的な事柄について一貫した理性をもって発言した。(7)

一九三三年から一九四五年までのヤスパースの経験とこのうえなく強烈な対比をなしているのが、アーレントの最初の重要な教師であり、一九二〇年代後半の彼女の若いころの恋人であったマルティン・ハイデガーである。彼は、自分が国民社会主義に哲学を供給しうると愚かにも考え、――短期間ではあったがしかし表面的にではなく――盛り上がるナチの風潮にとらえられた。そうした教授の転向を目の当たりにしたことは、アーレントにとってトラウマ的な経験となった。しかも彼女は、その当人が世界から観想的な孤独へと引きこもり、公的領域は人間を鈍らせ堕落させるものと判断して見下していたのを目撃していた。ハイデガーの「《公的なものの光はすべてを曇らせる》という嫌味でひねくれたように聞こえる言明」は、彼女にとっては公的世界にたいする無責任さの典型と見なされる態度を象徴するものだった。彼女から見れば、公的な世界こそは、人びとが分かち合える真実が明らかになる唯一の場所だったのである。(8)

これらの二人の哲学者、ヤスパースとハイデガーがそれぞれ重要な糸口となり、アーレントを哲学の研究者から政治思想家へと変えた経験が形成された。彼ら自身の経験と彼らについてのアーレントの経験は、政治や活動や道徳や友情について彼女が後に書いたものすべてに見いだすことができる。彼女自身の哲学する行為はいつも、彼女を驚かせ探究へと向けさせる特定の具体的な経験から始まった。

戦後アーレントは著述家になり、〈基本的な〉諸経験を発見する腕前に磨きをかけた。彼女はそれらの諸経験を概念化し、注意深く選ばれた解明的な細部において叙述する。彼女が専門としたのは、人びとをその情況や歴史的局面のなかで分析することであり、彼らの経験のうちで何が前例のない新しいものだったのかを探し求めた。しばしば彼女は文章を「もちろんいつも……はあった」という言葉で始め、「しかし真に新しい特徴は……」という言葉で終えたものだ。たとえば、国防総省《ペンタゴン・》秘密報告書《ペーパーズ》についての一九七一年のエッセイ「政治における嘘」では、歴史的に政治にはずっと嘘が存在したことを論じ、次に、ナチ政権における嘘の新しい倒錯性について議論する。そして現在に目を転じる。「これまでに発展してきた嘘つきの技の多くのジャンルに、さらに二つの新種をつけ加えなければならない」。一つの新しいジャンルは、「マディソン街〔広告代理的が集中する地域〕の創作術から仕事を学んだ政府の広報担当者のもちいる、一見害のない嘘」であった。もう一つは、もっと重要なのだが、新種の嘘であり、ヴェトナム戦争を指揮したきわめて高学歴で理論好きのアメリカ政府官僚によって利用されていた。つまり、彼らは自分たちの理論に合わない事実を否定したり、嘘によって捨て去ったりする。彼らは科学的に聞こえる所説を述べ、それを現実に押しつけ、まるで台本のように自分たちの理論を実行に移した。これらの官僚——これらの理論派たち——は、現実が彼らの嘘にぴったりと合うことを望み、いかにして戦争に勝利するかについての彼らの擬似科学的な理論は、魔法のように具体化されたのだ。(9)

新しさを見分ける作業のなかでアーレントの念頭にあった中心的な考えは、第一次世界大戦の後から一九五〇年代のソヴィエト連邦での「雪解け」までの時代は、人類の歴史における根本的な断絶を象徴しているということであった。〈以前〉と〈以後〉のあいだに深い溝が生じたのは、人びとが集まって語りあい活動する――政治の――可能性そのものにたいする根本的な攻撃、すなわち人間の複数性にたいする攻撃が為された時であった。(10) したがって、〈以後〉において――アーレントがそれによって言おうとしたのは、ナチズムとスターリニズム以後、あるいは第二次世界大戦とホロコースト以後ということだけではなく、人類を滅ぼしうる能力をもった兵器が出現した後ということでもある――私たちは何者であり私たちの人間的可能性は何なのかということを理解するためには、政治の可能性にたいするこうした根本的な攻撃において、いったい何が〈新しい〉のかを考えなければならない。

何が新しいのかを考えるために、私たちは古い概念を使うことはできない――とりわけ、人類の歴史にこうした断絶をもたらした攻撃そのものによって、意味や有効性を空っぽにされてしまった概念を使うことはできない。〈以後〉を探究するためには、もはや存在しない世界から受け継いだ〈以前〉からの概念を使うことはできないのだ。しかし、それらの概念は私たちの頭のなかにあり、私たちの考えに深くしみ込んでいるという事実を探究することなしに、古い諸概念を――頭から取りはずすことができる古い帽子のように――ただ脇へ置くというのは不可能である。思考の習慣はなかなかなくならないのだから、それらがどのようにして獲得されたのかを理解することによって私たちの習慣を変えるということもまた、必要となるのだ。ハンナ・アーレントが範例となったのは、とりわけこうした二つの営みが彼女にとってはけっして分けることのできないものだったからである。

通例の手順として、彼女はある概念を選び出し、記録に残された歴史全体（あるいは少なくとも彼女が読むことができたヨーロッパ言語で記録された部分）を通じて、人間たちがどのようにその概念を使って自分たちの経験を示したのかを問いはじめる。そして、想像力に満ちあふれた文献学的な勘によって鍵となる概念を探り当て、経験の変化というものを見分けるのである。政治とは何か、自由とは何か、権威とは何か、と。最後に彼女は次のように問う。先例のない私たちの時代には、言葉の使用においてこれまでどのような変化が生じてきたのか、あるいは今生じつつあるのか、あるいは生じる必要があるのか、私たちの言葉は私たちの新しい経験に追いついているのだろうか、と。新しいと見定めた経験を指し示すために、彼女は新しい言葉を生み出したり、新たなやり方で言葉を定義したりすることもあった。「悪の陳腐さ」という言葉に戻れば、それは、新しい種類の犯人や犯罪を明らかにするためのものだったのだ。

一九五〇年代の初め、アーレントは〈全体主義〉という当時あまり知られていなかった言葉（一九二〇年代にムッソリーニによってつくられた言葉）をうち出した。それは、彼女の判断によれば、新しい統治形態、つまり君主政、貴族政、寡頭政、民主政といった古代ギリシアと同様に古い名前でよく知られたものとは異質の統治形態を表すためのものだった。ナチ・ドイツの統治は全体主義的であり、スターリンのソ連もそうであると彼女は論じた。一九五一年の『全体主義の起原』公刊の後、彼女の分析と〈全体主義〉という新しい言葉がたどった成行きは、並外れたものだった（それは後で検討する重要事項である）。五〇年以上がたった今、その本がもともともっていた光の大部分が曖昧になるなかで、〈全体主義〉という言葉もまた、それを使う多くの人びとにとっては繰り返される極り文句となった。その一方で、外政上の決断の指針となるような科学的に聞こえる理論のために、その言葉を絶対に必要とするような人びとも出てきた。

新しい概念は絶えず新しい現実に適合したものにならなければならない。そうでなければ、思考を束縛するものにもなりうる。アーレントが思考や言葉に求めたのは、新しい世界に適していること、極り文句を失効させうること、考えなしにうけ入れられた思想を拒否しうること、紋切り型の分析を打ち破りうること、嘘や官僚的まやかしを暴露しうること、そして、人びとがプロパガンダによるイメージへの依存から脱するのを助けうることである。ふつう詩人や詩的思想家たちは、言葉が私たちを無思考への誘惑から解放するという期待のもとで生きている。彼らは、「出来事の内なる真実」[11]を表しつつ、実際に起こったことを物語る責任を担う。ハンナ・アーレントは、そうした稀な存在だった。詩への才能と愛をもった思想家でありながら、詩人というよりもむしろ分析者で実践を重んじていた。そして、物事を構成要素に分解し、それらがどのように作用しているかを見せるために、区別し差異化するという手法をとった。

アーレントはこのように先例のないものを突き止めることに力を注いだのだが、彼女の死後その価値はますます認められなくなってきたようだ。彼女の生前でさえ、知識人たちの一般的な傾向として、現在の出来事にたいして歴史上の類似物を探すということがあった。そしてこの習慣は近年さらに強くなっている。たいていの知識人は、「過去の教訓」というものがあって私たちはそこから学ぶことができるのだと言ったり、過去を忘れない者はそれを繰り返す運命にはないと言ったりする（その際彼らは見くびっている。生々しい記憶に苛まれている人びとに典型的な、繰り返しという〈強迫〉に捕われることを避けるためには、過去を忘れないだけでなく、それについて考え、その意味を示すことが、いかに重要であるかを）。たとえば、自由な世界の知識人たちは、全体主義政権が対外的な敵や自国民に負わせた恐怖を、世界が「二度と！」被らないことを確実にしようと望んで、〈宥和政策〉という言葉に集中砲火を浴びせる。挑発に直面した際の、開戦しないというどんな決断も、あるいは外交手段を追求するといういかなる決定も、宥和政策となり、イギリスの首相ネヴィル・チェンバレンが一九三八年にヒトラーの要求に屈したことになぞらえられた。一九六〇年代初めの代々のアメリカ合衆国政府は、「ドミノ理論」という名の科学的に聞こえる理論に悲惨にも同意し、アメリカは、ソ連や中国、あるいは南ヴェトナムに倒れかかってアジア全土を共産主義の要塞にしようと待ち構えている先頭のドミノ lead domino（北ヴェトナム）に譲歩すべきではないと述べた。

歴史的類推や先例を求める思考の習慣――あるいは思考の欠如、無思考の習慣――は、戦後非常に強力になったので、二〇〇一年にテロによって世界貿易センターが攻撃された時、「アメリカへの攻撃」は真珠湾に似ているとただちに言われた。アメリカ人たちはあっという間に、それにたいするアメリカの応答は戦争であるべきだと考えるようにうながされた。あたかもアルカイダが日本のような国民国家であり、枢軸国に結びついているかのように（今回、「悪の枢軸」はそれ自体が標的となり、二〇〇三年にイラク侵攻が起こった）。すぐさまウサマ・ビンラディンはヒトラーと同一視された。まもなくサダム・フセインが全体主義者と見なされた。

　もしハンナ・アーレントが二〇〇一年に生きていたとしたら、彼女は書机に直行し、世界貿易センターは真珠湾ではないし、「テロにたいする戦争」は意味のない言葉だと異議を唱えただろう。テロは敵ではなく、方法であり手段である。彼女は『革命について』と『暴力について』という二つの本のなかで行った議論を援用するだろうと、わたしは想像できる。つまり、革命を防ぐために命を捧げた人びとや革命に希望を託した人びとがいたわけだが、そのなかで政治的右派にとっても左派にとっても、暴力はあまりにも習慣的になり、いとも簡単に正当化されるようになった。その結果として、政治家や革命家や今日のテロリストは、自分たちが企てようとする暴力が善よりも害をもたらすのではないか、とりわけ特定のあるいは同定可能な敵がいない場合にはそうなのではないか、とはもはや考えない。暴力は「歴史を作る」のに必要とされる。（後で論ずることになるが）アーレントは行為することと作ることのあいだや、暴力と権力とのあいだに差異を設けた。それは二〇〇一年にはあまり理解されなかったことであり、今でも十分に理解されていない。しかし、その差異がなければ、私たち――普通の人びと《ピープル》――は、自分たちの世界を理解できないのではないだろうか。そして私たちが恐るべき危機にあるのは、見て見ぬふりをしているからなのだ。

あなたがこのような判断に同意するためには、差異を設けることや概念化すること、つまり私たちが行っていることについて普通の人びと《ピープル》としての私たちがどのように考えるかということが重要である、というわたしの意見を分かち合わなければならない。そして私たちは「どのように」考えるかということの範例を必要としているのであり、それこそが重要なことなのである。何かの出来事についてハンナ・アーレント――彼女はわたしの先生だった――ならば、どのように判断し、それをどのようにして他の人びとにとって明瞭なものにしただろうか、と想像してみる時はいつも、わたしには強いドイツ語訛りの彼女の声が注意深く語るのが聞こえる。「そうそう、一方では……そして他方では……それからほら、こうして考えると……」。それから彼女は一息つくのだが、彼女の顔を見ると、カントが「拡大された思考の仕方」と言ったもの、つまり意見を分かち合ったり、話し合ったり、他の観点に立ってみるということを、彼女がいかに心から楽しんでいるかということが、本当に分かる。「*Aber sehen Sie mal!*〔しかしよく注意してごらんなさい!〕ほら他の側面があるでしょう、他の見方が」。繰り返される極り文句は、ひとつもなかった。

いや、それは完全に正しいとは言えない。わたしの記憶では、ある晩、よく知られたアメリカの知識人が講演を行った際に、彼女が座って首を横に振りながらそれを聴いていた後のことだった。その時彼女が下した判断は、思いもよらない出典をもつのだが、極り文句として「適格」であるかもしれない。それは、彼女が敬愛する思考の旧友、イマヌエル・カントの『純粋理性批判』の一つの注にある、「愚かさにつける薬はない」という言葉であった。[12]

近年、私たちの世界は暗さを増し、アメリカ——アーレントがどこよりも賞賛した国、無国籍の難民として十二年を過ごした後の彼女の住処——は、すべてが公的領域の尊重にかかわっていた創設の原理から、いっそう隔たりを増している。そんな時、わたしは気がつくとたびたび自問しているのだった。アーレントならどう言っただろう、彼女が亡くなってから三〇年を経たこの世界のことをどう思っただろう、彼女なら何がそこで重要な〈新しさ〉であると考えただろう、と。

本書でわたしが示したいと望んでいるのは、アーレントがいかにして考えたか、彼女の生きた時代についてアーレントがいかにして判断にたどり着いたかということである。全体主義とそれに続く時代を、彼女は「現代世界」と呼んだ。わたしは、とりわけ若い読者たち、一九六八年にアーレントの学生になったころのわたしと同じ年齢の学生たちに語りかけたいと思う。そのころ彼女は、わたしや仲間の学生たちにとって、ヤスパースが彼女にとってそうであったもの、すなわち暗い時代の一つの燈火となったのである。

本書には伝記的な要素も出てくる。しかし本書は、わたしが一九八二年に出した伝記『ハンナ・アーレント伝』*Hannah Arendt: For Love of the World* の簡約版ではない。今わたしが行おうとしているのは、彼女との対話であると思っている。一九六八年以来わたしが心のなかで彼女と続けている会話を現在へと持続させたものであると。今年は二〇〇六年であり、アーレント生誕百年を迎え、その記念として世界中の人びとが、学術会議や、写真およびアートの展示会や、出版物の刊行や、二つのハンナ・アーレント・センターの後援によるウェブ・サイト（www.hannaharendt.org）を準備している。ハンナ・アーレント通りの公式な命名も準備されているが、その小さな通りのすぐ近くには、ベルリンのホロコースト記念碑がある。そこからわずかの距離には、一九四五年に連合軍の爆撃によって瓦礫と化したが今は修復されている、あのブランデンブルク門がある。そういった次第で、この特別な好期に彼女の思考を再訪し、朝刊を読んだり電子技術――彼女自身はグローバル・ヴィレッジ〔通信手段の発達によって一つの村のようになった世界。マクルーハンの造語〕が始まったころにその揺籃期を垣間見ることができたにすぎない――によって出来事の鼓動を受信したりする際に思い浮かぶ質問を、想像のなかで彼女に問いかけてみよう。

ハンナ・アーレントが、彼女自身の激しく明敏な眼と、唯一無比の際立った精神の眼によって見ることがなかった出来事や趨勢や思想や人物や集団について、何を考えたかを〈知る〉ことができるなどとは、彼女の伝記作家であるわたしにしても、他の誰にしても思うべきではないだろう。ここでわたしが行おうとしているのはただ、彼女が考えたかもしれないことについて〈驚く〉こと、そしてその際、彼女の著作や会話に証言されている彼女の思考のあり方や内容に――驚きながら――結びついていくことだけである。

驚くことは哲学することの始まりであるとアリストテレスは言った――そしてアーレントは好んで彼を引用し、〈驚く〉という意味のギリシア語である *thaumadzein* という言葉を朗々と口にしていた。それは、立ち止まって考えること、休止して熟考すること、不意の衝撃や驚きに敏感でいられるようにすること、過分な前提や偏見なしに応答することである。本書の意図は驚きの旅を企てることにあるのだが、もう少し平凡なところから始め、その企てのために必要となってくる刊行物を忘れないように最大限紹介しながら、アーレントにたいする評価が彼女が亡くなってからの歳月においてどのように展開したのかをふり返っておこう。

亡くなってから三〇年が経つなかで、ハンナ・アーレントは、市民や国家や国際関係の現状を考える理論家や活動家にとって、全体主義政権や革命類型や暴力と戦争の形態についての〈随一の〉分析家となった。政治的生活における自由の可能性についての彼女の理想像は、世界のあちらこちらに広まっている。しかし彼女はいかにしてそのような歴史的重要人物となったのだろうか。まず、彼女の影響力とともに増大し、さらにはそうした影響力を増やしたり高めたりすることにもなっている彼女の死後の出版物が、どのような領域に及んでいるのかを概観してみよう。第三の部分がノートとしてしか残されていなかった『精神の生活』が一九七八年に出されてから、かなりの分量の彼女の著作が公刊されてきた。それらは三つの種類に分けることができる。一つには書簡がある。それから、未公刊あるいは未収集であったドイツ語および英語のエッセイがある。そして、二〇〇三年にドイツで出された思考の日記、『思索日記』がある。その初版は、一五〇〇頁という長さと一二〇ユーロという値段にもかかわらず完売となった。

今出ているエッセイは三冊で（最終的には五冊になる予定）、それらはすべて、わたしと一緒に学生だった時にアーレントの最後の研究助手を努めたジェローム・コーンの思慮と学識に満ちた編集方針のもとで、公刊されている。一九九四年に『アーレント政治思想集成』*Essays in Understanding* が出た。コーンの力技によって講義用の下書き原稿から作り上げられた道徳哲学についての長いテクストを組み込んだ『責任と判断』は、二〇〇三年に出た。本になるような長さのマルクスについての草稿といくつかの他の重要な講義をふくむ『政治の約束』は、二〇〇五年に出版された。最後の二冊は、アーレントのユダヤ関係の著作を集めた巻と、『思索日記』から選び出された短いエッセイをふくむ巻から成る予定である。

数年のうちには、『書簡集』*Selected Letters* も発行されることになっており、手紙を書くというアーレントの営みの全幅が手に入ることになるだろう（とはいえ、今でもそれらはすべて、ニュースクール・フォー・ソーシャル・リサーチとドイツのハンナ・アーレント・センターでは、米国議会図書館にあるアーレント・ペーパーのデジタル版を通じてアクセス可能である）。すでに公刊されている書簡集のなかでは、一九八五年にドイツ語で、一九九二年に英語で出たカール・ヤスパースとの往復書簡は、すでにそのジャンルにおける二〇世紀の古典に数えられている。将来ヨーロッパ系アメリカ人の世界を探究する歴史家たちすべてが、この書簡集をひもとき、戦後のアメリカでの「共和国の危機」やドイツの政治的復旧やナチ以後の「過去の克服」への苦闘といった事柄についての詳細で徹底的な――そしてきわだって先見的な――考察を参照するだろう。

『アーレント＝ブリュッヒャー往復書簡』（二〇〇〇年）は、アーレントと、ベルリンの労働者階級生まれの独学で知的カリスマ性をもつ彼女の二番目の夫ハインリッヒ・ブリュッヒャーが、連れあいとして三五年間にわたってやり取りした手紙であるが、それは、亡命や文化変容や仕事上の苦闘や病気や喪失や新世界への驚嘆といった非常時をとおして続けられた愛の対話を表している。ブリュッヒャーの哲学的企て――彼はバート・カレッジの教師であったが著述家ではなかった――の幾分かは、書簡から少しずつ集めることができる。とりわけ、ソクラテス（この人もまた教師ではあったが著述家ではなかった）への彼の変わらざる崇敬と、カール・ヤスパースのコスモポリタン的な哲学の理想像にたいする彼の心酔は示唆的である。ヤスパースは、世界中の哲学者との対話を想像し、彼らの文化的足跡を（紀元前六〇〇年から紀元前三〇〇年までの）枢軸時代〔ヤスパースが名づけた世界史の基軸となる時代。この時期に世界の各地で同時並行的に傑出した思想家や哲学者が輩出したことを指す〕までたどった。そしてこの対話を『大哲学者たち』に書きとめ、思考のスタイルと共有している問いやテーマにしたがって哲学者たちを分類した。彼の研究を規定しているのは、思想の年代的伝承関係ではなく、「精神的な並列的配置」である。

時代をまたぐ世界的な哲学の対話という理想像は、ブリュッヒャーとアーレントの両者がヤスパースと共有しているものであり、グローバル化する私たちの世界をアーレントならどのように考えたかというわたしの探究の鍵となる。しかし往復書簡自体が最も鮮やかに示しているのは、アーレントとブリュッヒャーが、どのようにして相互に寛いで対話できる安全な「四方の壁」を与えあっていたかということである。そこでは、互いの強さや弱さ、分かち合っている希望について、それぞれが相手の誠実さや深い正直さを頼りにすることができた。そこでは複数性と対等性が保証されていた。アーレントとブリュッヒャーの夫婦関係に関しては、彼女がカール・ヤスパースとゲルトルート・ヤスパースの夫婦関係について語ったことが当てはまるだろう。「彼はこの小さな世界から、人間的な事柄の全領域のなかで何が本質的なものであるかを、ひな形から学ぶようにして学んだのだった(13)」。

アーレントとメアリー・マッカーシーとの友情は、政治や文化について彼女たちが交わした、機知に富みしばしば辛らつな楽しいお喋りふうの意見交換のなかに詳述されている。『アーレント＝マッカーシー往復書簡』（一九九五年）は、アーレントの書簡集のなかで最もアメリカ的なものであり、二〇世紀アメリカの文壇について学ぶ学生にとっては必須の読み物となるだろう。他方で、重要ではあるがまだあまり知られていない小説家ヘルマン・ブロッホとの書簡や、シオニスト指導者のクルト・ブルーメンフェルトとの書簡は、すぐには英語には翻訳されないだろうし、専門的なドイツ研究者以外の読者を見いだすこともしばらくはないだろう。

『アーレント＝マッカーシー往復書簡』はアーレントとマッカーシーの友情がいかにして育ったのかということや、その友情はどのような性質のものだったのかということを照らし出している。マッカーシーはアーレントが親近感をいだいた最初のアメリカ人女性であったが、アーレントにはいつも〈親友〉*beste Freundin* がいた。マッカーシーは六歳年下であったが、彼女にはアーレントが友人たちに求め特別に夫のなかに見いだしていた資質があった。それは、世界――身近な社会と同時により大きな政治的世界との両方――を観察し判断する情熱であり、感情であり、感傷をふくまない「心」であった。また、偽善的な言葉のない知性であり、自由にひろがる才気であり、他者の意見にたいして役立とうとする態度であった。それから誠実さと、さらには伝統的な家族や共同体や宗教的環境をもたない人びとにとって友情がいかに安らぎをもたらすかということへの理解力であった。

アーレントは、彼女自身が若いころに経験したが（そしてそれをマッカーシーに語ったが）、三五年間の夫婦生活や執筆への専念のなかにはもち込まなかったしもち込みたいと思わなかった男性との複雑な関係について、マッカーシーの身に起こる出来事を我が事のように体験することができた。彼女はマッカーシーの相談相手――ほとんどユダヤ人の母ともいえるし、少なくとも姉であったことは確実だ――として、マッカーシーのややこしい事態をたいていは書机を離れることなく経験することができた。彼女は、小説を書くことや著名人になること、あるいは文学サロンの生活や政治的実践の生活といった自分が拒んだ道をマッカーシーに歩ませ、さらにはそうした世界への入場券を受けとった。そのようにして快活さと文人の世界と知的洞察力が融合したのである。マッカーシーとの往復書簡のなかでは、アーレントは自由に――憂鬱であったり落胆したりという時に――気分を表し、自分が一人の女性であり誰かの友達であること、自分が有名人でもなく周りの人びとよりも水準の高い知的な仕事をしている人間でもないことをいかに望んでいて、それが自分にとっていかに必要なことであるかを示した。そしてマッカーシーは旅行者かつ著述家として十分にヨーロッパ人であり、アーレントが政治的にはアメリカ人であるが文化や感性の面ではいつもヨーロッパ的コスモポリタンであることをよく分かっていた。ヤスパースもすでに逝っていた一九七〇年にブリュッヒャーが亡くなってからの何年もの間、マッカーシーは友の悲嘆を理解し、彼女に「四方の壁」の安らぎを与えたのだった。

一九二五年から一九七五年までアーレントがマルティン・ハイデガーと交わした手紙は、一九九九年にドイツ語で出され、二〇〇四年に英訳が出たが、公刊されている他の書簡集と多くの点で異なっている。これらの手紙は、一九七六年のハイデガーの逝去――それはアーレントの死のわずか数ヵ月後だった――の後まもなくマールバッハの文学資料館に閲覧禁止という条件つきで収蔵された。他の往復書簡集と違って、ハイデガーとのものだけが不完全である。ハイデガーが書いた手紙はほとんどが公刊された版にふくまれているが、それに比べてアーレントが書いたものはわずかしか残っていない。ハイデガーが名著『存在と時間』を書いていたころ、つまりマールブルクで二人が恋愛関係にあった時期（一九二五年から一九二七年）の彼女の手紙は最初から欠落しているので、彼女が当初その関係をどのように経験したかを彼女自身の言葉で読むことはできない。一九五〇年に彼らが再会した時、ハイデガーは、ナチ党員であったことやフライブルク大学総長としてヒトラーに賛同するという非難されるべき行為を行った理由で、教壇に立つことをまだ禁じられていたのだが、彼女に大量の手紙を書いている。しかし彼女から彼への手紙は少ししか残っていない。本当の往復書簡が読めるのは、一九六七年以降の時期に関してのみである。その往復書簡の編者ウルズラ・ルッツの徹底的で綿密な仕事によって、編者による注が本を包みこむ本となっていて、多くの箇所でハイデガーについてアーレントが書いたものやヤスパースやブリュッヒャーとの書簡が参照されている。ハイデガーはアーレントについて公的な言葉を一語も書かなかった。

この往復書簡が他のものと異なっている第二の点は、ある騒ぎがその公刊に先んじていたということである。その騒ぎは、エルジビェータ・エティンガーという名前のマサチューセッツ工科大学教授によって――かなり意図的に――ひき起こされた。彼女は、未公刊だったアーレントとハイデガーの手紙を読む許可をうまく得て、アーレント側の手紙だけから引用して二人の短い伝記に利用した。(14) 一九九五年に彼女の本が出版された時、アーレントとハイデガーが一九二〇年代に恋愛関係にあったことは、わたしが書いた伝記で明らかになっていたため周知のことだった。騒ぎを起こさなかったわたしの説明は、その事について知っていた数名のアーレントの友人へのインタヴューやアーレントの手紙、とりわけ夫にたいする手紙のなかにある幾つかの言及にもとづいていた。

エティンガーの説明はアーレントとハイデガーの手紙をもとにして書かれているが、空想である――あるいはアーレントが一九七一年に国防総省秘密報告書《ペンタゴン・ペーパーズ》についてのエッセイで「イメージ」と呼んでいた、現実とほとんど関係をもたないものだった。エティンガーの企ては、世間知らずで無力なユダヤ人の女子学生と、魅力的であるが薄情な既婚のカトリック教徒の教授が、情熱的な無謀さと裏切りのドラマを演じ、裏切られた愛人が卑屈なほどの忠実さを示すというものだった。エティンガーの描くハンナ・アーレントは、けっしてそのロマンスを超えて成長する力をもっていない。彼女は「無条件の忠実さ」をもって被虐的に男に寄り添うのである。夫に若いころのその恋愛を十五年間秘密にしていたアーレントは、その男の欠点をすべて彼の妻のせいにして、男の弁明者(「彼女は彼のナチとしての過去をとり繕うためにできるかぎりの事をした」)として、そして男が彼女にそうあってほしいと望む「親善使節」（「アーレントはその任務を引き受けた」）として、ひどくお粗末な判断しかできない。エティンガーはアーレントの動機についてこのような評価を下す。「彼女が彼を無罪放免にしたのは、忠実さや同情や正義感からというよりもむしろ、自分のプライドと尊厳を守ることを彼女自身が必要としたからだった」(15)。すなわち、アーレントは自分を尊重するために、ハイデガーを尊敬できる男に仕立て上げなければならなかったというのだ。

エティンガーの著作には数多くの限定――「に見える」「想像することができる」「彼女は感じたに違いない」――が加えられているが、これらの曖昧な言明はあたかも事実であるかのように提示されている。それは、伝記作者が彼女〈自身〉の物語のわなに捕らわれていて、主題とする人物を自分と一緒に落とし穴に引き入れていることを示している。そこには、アーレント自身が『暗い時代の人びと』で生み出した性格描写のあり方に吹き込まれているような対象との対話は何もない。そういうわけで、このファンタジーがアーレントに敵対する少なからぬ人びとを大喜びさせ、当時はそれらの書簡を自分の目で確かめることができなかったアーレントの支持者たちを悩ませたのは、思いがけないことではないのである。

この往復書簡が他のものと異なっている第三の点は、ハイデガーが――ヤスパースやブリュッヒャーやマッカーシーやブロッホやブルーメンフェルトのように――世界の事象にたいするアーレントの不屈の関心を分かち合える相手ではなかったということである。アーレントがそうした関心をもつようになったのは二人の恋愛関係が終わった後のことで、ある意味ではその関係への応答ともいえるような、若いころの彼女自身の無世界性からの脱却を意味していた。（このような後からの治療 *cura posterior* は、彼女がヤスパースのところで学ぶためにハイデガーのもとを離れた時に始まった。後に彼女はヤスパースのことを「あなたの哲学のおかげでどれほどわたしが政治にたいして準備できたか」と感嘆している。[16]）ハイデガーは、他の書簡の相手とは違って、責任を担い判断を――楽しみながら――行うようなタイプではなかった。ドイツ人のなかで、ヤスパースが偉大な政治哲学者であったのにたいして、ハイデガーは二〇世紀の偉大な哲学者であったが、範例となる人間ではなかった。

ヤスパースやブリュッヒャーへの手紙で明らかなように、アーレントはハイデガーの二枚舌、その分裂した自己にショックを受け、痛みを感じていた。彼の性格はしばしば彼女が私的に書いたものや公的に書いたもののなかで言及はされたが、彼女が賞賛する人びとのために行ったようなとっておきのやり方で、彼について詳しい作品を書くことはなかった。アーレントはついにマルティン・ハイデガーという難問への取り組みを終えることはなく、亡くなった時点でもまだ『精神の生活』のなかで彼について書いていた。そして、そこで彼女は、彼の仕事について八〇歳の誕生日の賛辞（『アーレント＝ハイデガー往復書簡』にふくまれている）のなかで表した読解にもとづいて、はっきりと彼の哲学を拒んだのである。

アーレントとハイデガーの関係から論争を生み出し、二人の死後の評価を作り上げた注釈者のなかには、基本的に二つの立場があった。一つの立場では、ハイデガーは何よりもまず、ナチ党員に加わったことや党員としての自分の行為を一度も公的に撤回することがなかった人物である。この立場から見ると、戦後ハイデガーとの関係を復活させハイデガーの著作が英語に翻訳されることに尽力したアーレントは、彼の弁護者であった。もう一つの立場では、ハイデガーは何よりもまず、僭主ディオニュシオスから哲学者の王を作ろうとシラクサに旅したプラトンになぞらえて理解されるような、判断と行為の過ちを犯した偉大な哲学者である。この立場から見ると、ハイデガー哲学へのアーレントの敬意と彼女自身の仕事におけるハイデガーへの恩義は理解できるものであって、鍵となる問題は、哲学者がこれまで政治的行為者に提供するような価値をもっていたかどうか、あるいは哲学者の行為はいつももう一つの世界――観想的世界――のものであるのか（あるべきなのか）ということである。

ハイデガーについてのアーレント自身の判断は、こうした二つの立場のどちらとも異なっていて、戦後の年月のなかで徐々に展開された。『全体主義の起原』を書いていた一九五〇年以前には、彼女は憤激を込めて彼のことを、「群衆《モッブ》」に魅了されたが彼自身のような創造的個人には関心のない群衆《モッブ》のなかには結局のところ居場所を見つけられなかった典型的なヨーロッパの俗物だと見なした。一九四六年には、彼を「ナチに思想と技術を供給するために最善を尽くした」傑出したドイツ人学者の一覧に加えていた。後に彼との関係を復活した時には、彼女は彼を心理学的に説明しようとし、彼は分裂した性格で、ある部分では偽りがなく、またある部分では嘘つきあるいは臆病で、（悪く言えば）おべっか使いたちに（良く言えば）彼の知的水準にはない人びとに依存していると考えた。彼女とヤスパースは、ハイデガーが自分の内的分裂を克服できるかどうかについて議論している。ヤスパース[17]がハイデガーとの友人関係を絶つことを選んだのにたいして、アーレントは忍耐が必要だと主張した。

最終的に一九六〇年代には、アーレントはハイデガーのことを違ったかたちで解釈するようになる。それは、彼女が彼の戦時中の著作を徹底的に研究したことや彼らの会話にもとづいていた。その時彼女が強調したのは、一九三〇年代後半に彼が『ニーチェ』の第二巻に、ナチ党員になったことの政治的撤回ではないけれども少なくとも「意志しないことへの意志」という哲学的言明を書き込んでいたということだった。ナチ指導部に影響を与えようという愚かな望みを捨てた後、彼は意志と意志する人びとが集まって行為する世界との両方を放棄し、「思考の王国」へと退いた。彼女が後に『精神の生活』で要約したようなやり方で、その「転回《ケーレ》」をもって彼は意志について書いた。「ハイデガーの理解するところでは、支配し服従させようとする意志はある種の原罪であり、その意味で、自分が短期間ナチ運動に身を置いた過去をうけ入れようとしたとき、彼は自分を有罪であると見なした」[18]。私的には彼の悔恨によって彼女は彼を許すことになるのだが、アーレントにとっては、ある人物を許すことと彼の行為を許すことのあいだの区別は明確なものであった。

ハイデガーについてのアーレントの判断がどのように展開したかは、あまり知られていない。それは部分的には『精神の生活』が、彼女の著作のなかで最も読まれず最も理解されていないものだということによる。それは政治理論家や歴史家たちにおいても、アメリカやヨーロッパの哲学者たちにおいても同様で、彼らは彼女の晩年の哲学的著作が注目に値するということをいまだに認めていないのだ。しかし、アーレントとハイデガーの関係をめぐって起こった論争は、歴史的人物としてのアーレント像にかなりの影響を与えている。彼女が崇敬される場合でさえ、彼女の行った判断に関する問題が彼女に暗い影を投げかけるのだ。このことがよりいっそう当てはまるのは、彼女の死後も持続し思想の世界における彼女の受容をかたちづくっている論争――アイヒマン裁判の後に始まり、そのまま*Die Kontroverse*〔論争〕と呼ばれるほどヨーロッパでは有名になった論争――である。

興味深いことに、一九六〇年代の論争に加わった人びとによって担われていたさまざまな立場はいまだに持続していて、ほとんどの人びとが槍玉にあげているのは、その本が実際に語っていることではなく、そのイメージである。反ユダヤ主義が古い形やたえず新たな形で現れることへの恐怖と同様に、反ユダヤ主義との闘い方についての固定観念もまた、論争における反復強迫をあおっている。この硬直性がもたらしてきた不幸な結果として、『イェルサレムのアイヒマン』の最も直接的で重要な実践的次元、つまり彼の裁判が国際法にたいしてつきつけた挑戦についてアーレントがその書の結びで行った考察は、今までほとんど耳を傾けられてこなかった――犯罪国家の行為者として「人類にたいする犯罪」を犯した者を裁くために、国際司法裁判所がハーグにおいて組織されてきた現在でさえそうなのだ。彼女は書いている。「［イェルサレムの］法廷は、法典に見あたらない犯罪、少なくともニュルンベルク裁判以前には他のいかなる法廷でも見られなかった犯人に直面した」[19]。アーレントが生きているうちは、法典は「人類にたいする犯罪」をなおも無視しつづけていた。イェルサレムでの教訓にもかかわらず、用語の十分な定義さえ与えられなかったのである。

アーレントの判断をめぐるこれらの論争は、『精神の生活』の未完の第三部の論題となるはずだった判断力についての彼女の考え方にたいする疑いをもたらしている。わたしは後で『精神の生活』を考察する際に、判断力という論題に戻るつもりであるが、ここで一言触れておきたいのは、この二〇年間でアーレントのすべての書簡が利用できるようになったことによって、思考することや判断することについての彼女の考え方がわたしに理解できるものとなったということである。以前わたしはそれを理解していなかったし、あるいは理解といっても不明瞭なものにしかすぎなかった。

伝記のなかでわたしは、友としての夫や、他の友人たち、とりわけヨーロッパ人ではヤスパース、アメリカ人ではマッカーシーが、アーレントにとっていかに重要だったかということを強調した。しかし今分かったのは、二〇代でまだ政治経験のない哲学の学生だったときでも、〈友情〉*Freundschaft* が思考や判断にたいして与えるものに彼女が深く感謝していたということである。一九二〇年代の後半、彼女は十八世紀のサロンの女主人ラーエル・ファルンハーゲンの伝記を書きはじめていた。この本のなかで彼女がいかにハイデガーとの関係を回顧的に理解しようとし、また彼や彼の哲学の無世界的な特質や伝達性の欠如から自分自身を区別しようとしていたかということは、明らかである(それは彼女の手紙が利用できるようになったのでいっそう明らかになった)。伝記のなかで、アーレントは、ファルンハーゲンの生き方や考え方を探究し、ファルンハーゲンが自分自身を愛してうけ入れようともがきながら、自分を愛し自分を受容する人間——友人——を求めてうまくいかない姿に焦点を合わせた。アーレントは、ファルンハーゲンに親近感を抱くのと同じくらい、主人公の誤謬を一五〇年後の自分が繰り返したくないと思った。あるいは、友情や後に「政治的友情」と呼ぶものや、時には単なる「敬意《リスペクト》」、つまりやり方については異なる意見をもっていても世界を分かち合いたいと望んでいる他の人びととの絆を求める際に、自分は失敗したくないと思った。

　アーレントはファルンハーゲンを、まれに見る素朴な女性として描いた。ファルンハーゲンの周囲には特権階級で自尊心の高い著名人たちがいて、彼らは彼女にないもの、つまり教養や富や美貌やユダヤ人に生まれたという恥辱（アーレント自身は幸運にも感じなかった烙印）からの自由などをもっていたが、そうした人びとがもっている偏見が、彼女にはなかった。習慣的な推測や一般的な観念によって世界が不明瞭になることがファルンハーゲンにはなかった。彼女は「どんなことでも、まるではじめて遭遇するようにして把握していかざるをえなかった……この自由に由来したのが、事柄や人間や状況を描写する彼女の印象的なやり方だった。彼女はその機知によって、若い娘のころからすでに侮りがたいと見なされていたのだが、まったくとらわれずに物事を見ていたというだけである[20]」。

　しかし、アーレントの伝記は、ファルンハーゲンが自分の友人になり自分の現実を確証してくれる人になってほしいと望んでいた人びとがいかに彼女を失望させたか、そして彼女自身がいかにしくじったかという物語である。ファルンハーゲンや彼女と関係のあった男性たちは、ロマン派が抱える主要な欠点を共有していた。アーレントはこの欠点を「自己からの逃避」、つまり対他関係における自己からの逃避と呼んでいた。彼らは皆、それぞれのやり方で自身を独特な芸術品にしようとした。彼らにとっては、「思考はいわば啓蒙化された魔法のような働きをして、経験、世界、社会の代役をつとめ、それらを呼び出し、予見させてくれる」。ロマン派は、関係づけられた真の自己から、本物でも現実的でもない自己へと逃避し、内省に没頭するために未来に直面できず、感傷に没頭するために過去を見ることができない。「こうして魂の力と自律は確保される。確保されるが、承認を必要とする真実を犠牲にして。なぜなら、真実は、他の人間と共有された現実なしには、いっさいの意味を失うからだ」[21]（強調は筆者）。

注目すべきことに、二五歳の時点でアーレントはこうした結論に達し、それが彼女の生涯を導くことになる。そして、真の友人を見つけることができた時、彼女はロマン派的な誤謬を犯さずにすんだ。しかし、彼女は他の人びととの誤謬に向きあい続けた。ハイデガーについて戦後に彼女がめぐらした考えの一つのなかで、アーレントは彼を「（望むらくは）最後のロマン派」[22]と見なしたが、彼女に「他の人間と共有された現実」を与えてくれた人びととの書簡において明らかなのは、ロマン派がなぜハイデガーをもって終わらなかったのかということを彼女が発見していたことである。それは戦後数十年のうちに形を変えたが、政治的にはよりいっそう危険なものになった。そして彼女は、自己からの逃避を「世界疎外」と呼び、それを「人間の条件」にたいする反逆と見なした。晩年アーレントは、あまりにも熱心に自身の芸術品を作りたいと思うために、現実が彼らに申し分のない自己確証を与えてくれるように――現実が〈彼らに〉順応するように――現実を操作しようとさえする魔術的な思想家たちのことを考察した。彼女は、今なら「解釈」spin と呼ばれるものによって賛美されていた、世界から疎外された自己イメージの製造に遭遇した。〈ロマン派〉という言葉が、再びそのような注目を浴びることはあまりない――心理学用語である〈ナルシスト〉のほうがよく使われる。しかし、それが当てはまる人びとにたいする彼女の批判は、ほぼ七五年におよぶ真実をたもち続けているのだ。

1

『全体主義の起原』と二一世紀

すでにアーレントは若き伝記作家として、ある人物が〈何を〉考えたかを理解したい時には、まずその人が〈どのように〉考えたかを理解しなければならない、ということに気づいていた。さらに、ある人の思想が世界の現実から乖離していないことを理解しようとするなら、その人が他者とのコミュニケーション関係のなかで、つまり、他者と共有する世界という関係性のなかで、どのように行為しているのかを理解しなければならない、ということも分かっていた。そうした共有される世界とは、「人びとによってたえず語られるということがなければ、文字どおり《非人間的》なものにとどまってしまう」[1]ものである。

『全体主義の起原』（一九五一年公刊）を書きはじめた時、アーレントは十年間の難民生活を経てきた後であり、現実に向きあうための条件――ファルンハーゲンの伝記を書いていた際には、ただ想像上のものでしかなかったもの――はできていた。『全体主義の起原』は、洞察力を身につけた女性の仕事である。この仕事が進む過程で、ハインリッヒ・ブリュッヒャーは彼女をしっかりと支えた。ブリュッヒャーは、独学の軍事史家としての情熱や観察眼を妻の著作に注ぎ込み、彼女はその事実を認めたからこそ、この書物を彼に捧げたのである。アーレントはまた、カール・ヤスパースともたえず手紙をやりとりし、毎年のように彼のもとを訪れた。彼女は姿勢をぐらつかせることなく激しく世界にコミットし、現代であるか過去であるかを問わず、およそロマン派的な人びとには想像することさえできなかった書物を生み出した。

『全体主義の起原』を読むことは、けっして見通すことのできないような十九世紀と二〇世紀の巨大壁画——それは、歴史家の巨大な〈ゲルニカ〉と言ってもよい——が展示されている美術館を訪れるようなものである。その書には、そこで扱われているさまざまな話題に関して、他の多くの書物よりもずっと豊かな洞察がある。脚注一つとっても、たいていの書物よりも豊かな着想をふくんでいる。わたしは、ハンス・モーゲンソーによるニュー・スクールでの演習で、初めてその書とじっくりと向きあった時のことを鮮やかに覚えている。モーゲンソーは、『国際政治』*Politics Among Nations* という本の著者であった。この本は一九四八年に上梓された時に国際関係論という学問分野を確立し、「政治的現実主義」と呼ばれる立場を掲げていた。「実際にあなたにはとても役立つでしょう」という理由で、わたしに彼の演習を受講するように言ったのはアーレントだった。彼女は、長年の友人で亡命者仲間であったモーゲンソーを、実務的な人間、つまり実践あるいは行為の人と見なしていた。彼が一九六五年からヴェトナム戦争を公然と批判しはじめ、抗議の意志を表明するために国家安全保障会議のメンバーを辞任したことから、アーレントや私たち学生は皆、彼のことを英雄と見なしていた——彼はリンドン・ジョンソンの政権下でそのような態度をとった唯一のメンバーだった。(2) こうしたことは模範的な行為であり、暗い時代の光明だったのである。

二〇世紀の政治に関する講義のためにその行為の人が作った概要《シラバス》は、『全体主義の起原』のような作品群から構成されていて、彼はそうした著作をまさしくアーレント的なやり方でレンズとして使った。それは、この本のレンズをとおして世界を観察するならあなたには何が見えるだろう、という問いかけであった。モーゲンソーは、アメリカの大学における政治学の学ばれ方にたいして、ほとんど侮蔑ともいえる軽蔑感をアーレントと共有しており、政治理論がどのように書かれるべきかという模範として、とりわけアーレントの本を初めとするような書物を紹介した。「多くの事柄をめぐって彼女とは口論することがあるかもしれない」と彼は強い訛で私たちに語った。「しかし、ファシズムを理解したのは彼女が初めてでした。その後何年もたってから、教授たちが次々に彼女が開拓した部分の詳細を扱ったのです。彼女はトゥキディデスのような非常に現場性のある歴史家でした」。

「ファシズムを理解した最初の人」ということでモーゲンソーが言おうとしたのは、アーレントがそのテーマに関してある種の実践マニュアルを作ったということである。『全体主義の起原』を注意深く読む者は、ある体制がファシスト的(あるいは、彼女が好んだ言い回しでは、原《プロト》全体主義的)であるかどうかを確認することに困難を感じることはもはやないだろう。モーゲンソーは、アーレントの本について私たちと議論している時、一つの重要な問い、アメリカという国家は一九六〇年代末にファシスト国家になりつつあるのか、という問いをいだいていた。彼女の実践マニュアルに支えられた彼の答えによれば、実際にアメリカには全体主義的な要素は存在し、さらに多くの危険もあるが、民主主義はまだ保護的な役目を果たしえており、国が全体主義へと身を落とすのを防いでいた。

モーゲンソーの問い――アメリカはファシスト国家になりつつあるのか?――は、『全体主義の起原』をまとめている時にアーレント自身が念頭に置いていたものでもある。それは、全体主義を理解することによって、将来全体主義が台頭する時に、あるいはその初期の段階で、それとして判断することは可能となるだろうか、ということだった。彼女が探し求めていたのは、そのような国家を判断する基準であった。どのようにして彼女がその基準を得ることになったか――どのようにして彼女は実践マニュアルを書いたか――を見るためには、私たちはまずは立ち戻り、『全体主義の起原』の構成とその受容に目を向ける必要がある。

一九五一年、著者が四五歳の時にアメリカで公刊された『全体主義の起原』は、彼女の数多くの他の本のどれにもましてさまざまな版が出た。その本の境遇は、懐胎期間、誕生、展開、(今日にいたるまでの)反響をふくめて、二〇世紀前半の政治史が二〇世紀後半にどのように理解されたかを照らし出しているだろう。新しい世紀の始まりに際して、このような物語は繰り返し語られている。たとえば、読者の皆さんもご存知のように、アメリカの政治家たちは、ウサマ・ビンラディンが望んでいる「統一イスラム戦線」United Islamic Frontをある種の帝国主義もしくは全体主義と呼んでいる。現国務長官であるコンドリーザ・ライスはソ連研究者なのだが、かつての大統領ロナルド・レーガンが持ち前の一九五〇年代風レトリックで「悪の帝国」に言及していたのと同じくらいの頻度で、全体主義の脅威について語っている。

一九四一年から一九四九年まで、アーレントは『全体主義の起原』を構想し、再構成し、再編成し、詳述する、ということを何度も繰り返し、新しい現実が明らかになるたびに手を加えた。彼女がその本を最初に構想したのは、一九四一年に『アウフバウ』*Aufbau*というニューヨークのドイツ語の新聞に、連合国側の軍事力の一部としてのユダヤ軍の創設を擁護する一連の記事を書き終えた後のことだった。彼女の最初の計画は、ユダヤ人がいかにして吹き荒れるヨーロッパ政治の中心に巻き込まれたのかを明らかにし、自分たちの立場に応じて政治的に考え行為する方法を彼らに提示することにあった。アーレントは、近代の反ユダヤ主義を、内政・外政の両面でヨーロッパ帝国主義のコンテクストのなかに置いてみようとして、幅広い文献を読みはじめる。彼女の主張では、政党によって流布され人種主義によってあおられた近代の反ユダヤ主義は、宗教的な反ユダヤ主義とは根本的に異なっていた――つまり〈政治的〉反ユダヤ主義は、新奇なものであった。

しかし、一九四二年から一九四三年にかけての冬、彼女はもっと強烈でもっと深い構想へと駆り立てられる。ナチの強制収容所のニュースがアメリカに届いた時、彼女の本は、彼女が過去やその因果関係にたずさわる歴史家としてではなく政治思想家として、ナチに支配された東ヨーロッパで絶滅収容所が昼夜稼動しているという信じがたい事実に応答していく手段となった。二〇年後、彼女はあるインタヴューでその瞬間をふり返り、「私たち」という複数形を使って、ブリュッヒャーや亡命者仲間たちと状況判断を共有していたことを強調している。「最初［一九四三年の初め］私たちはそれを信じませんでした。というのも、それはあらゆる軍事的必要性や必然性に反していたからです……それから半年後、証拠をつきつけられ、私たちはやはりそれを信じることになりました。……それ以前はこう言っていたものです――敵は誰にもいる、と。それはまったく当たり前で、ある民族に敵がいても不思議ではない、と。しかし、これは別でした。それはまさに、あたかも奈落の底が開いたような経験でした。それまでは、政治であれば実際にいつかは償われうるし、他のことでも必ず何らかのかたちで償いが可能だっただろう、と考えていました。しかし、これは違いました。これはけっして起こってはならないことだったのです。……私たちの誰であっても、もはや折りあいをつけることができないものだったのです(3)」。

生き残った人びとの回想録や戦後のニュルンベルク裁判の記録を読んだ時、アーレントは強制収容所を、それまで自分が「人種帝国主義」と呼んでいたものを理解する鍵となる新事実として解釈した。彼女はこの着想を、「恥の要素――反ユダヤ主義、帝国主義、人種主義」と名づけた草稿で展開しはじめる。その解釈にもとづいて、彼女は本の軌道を「収容所という恥」へと移し変えた。収容所のなかでは、何の〈政治的〉目的もなしに人びとが支配され、威嚇され、権利や「権利をもつ権利」、つまり行為する力を奪われ、最終的には、すでに完全に貶められていた生を奪われる。彼女は拷問に焦点を合わせたが、今日私たちはそこから非常に多くのことを学ぶことができる。というのも拷問は今、アメリカの官僚によって政治的目的なるもののための合法的手段として――不安を抱かせるほどに――正当化されているからである。

最終的にアーレントは、一九四三年から一九四六年までに書いたものすべてを集めて、『全体主義の起原』という表題をつけ直した構想全体の、第一部と第二部（「反ユダヤ主義」と「帝国主義」）にした。そして、それに「全体主義」と名づける新しい第三部を組み込んだ。この最終部の主張によれば、強制収容所は、暴政が歪んだものでも権威主義的独裁政権が極端になったものでもない先例のない統治形態を、特徴づける制度であった。全体主義国家では、あらゆる社会編成や階級編成を解体して「大衆社会」を生み出す政治運動に続いて、単独の指導者というよりも、むしろ他の党派を完全に破壊した一つの党が、絶対的権力を確立する。この新しい統治形態は、それを抑制する政治的反対派や伝統的なコミュニティをもたず、秘密警察やまさに強制収容所という全体的テロルの制度によって、生活のあらゆる面に手を伸ばすのである。アーレントは、それに匹敵する別の事例を発見することによって、この統治形態を一般的な用語で叙述することができるようになった。西側諸国で入手可能になりはじめたソ連からの資料――『月の暗黒面』*The Dark Side of the Moon* というタイトルの匿名の回想録もそのうちの一つであった――を通じて、アーレントは、スターリン体制もまた、全体的テロルの制度――KGB、粛清、強制労働収容所――によって特徴づけられるような、全体主義体制であると理解した。一九四七年九月に彼女はヤスパースに宛てて、「最近になって初めて本質的な事柄が、とりわけロシアと関連のある面でも、わたしにはっきり見えるようになってきました」と書いている。(4) 彼女の分析は、前もって形成されたものではなく、そのつどそこにある事実から展開される。

彼女が『全体主義の起原』を仕上げているうちに、アメリカでは反共産主義運動が、ジョゼフ・マッカーシー上院議員によって利用されて勢いを増していた。マッカーシー現象によって、アーレントは、全体主義を新たに理解することにますます熱心になり、『全体主義の起原』の第三部やその本の公刊前後に書かれた数多くのエッセイもその影響をうける。彼女は自分の思想の本質を、「新しい政治の原理――地上における新しい法」(5)によって導かれるべき行為を要請するものとして表している。政治は――市民たちが、統治形態の違いに応じて法律に守られながら、公の場で語り、行為するという意味においては――ある歴史的条件のもとでのみ現れる。同様に、政治は消えることもありうる。全体主義は政治の消滅である、と彼女は論じた。すなわち、それは政治を破壊する統治形態であり、語り、行為する人間を組織的に排除し、最初にある集団を選別して彼らの人間性そのものを攻撃し、それからすべての集団に同じような手を伸ばす。このようにして、全体主義は、人びとを人間として余計な存在にするのである。これがその根源的な悪なのだ。

アーレントの思想のこの本質的な部分は、一九五一年にアメリカとヨーロッパで彼女の本に続いた書評や議論によって、さまざまなやり方でとり上げられた。しかし、応答した人びとのほとんどは、彼女が懸命に超えようとしていたもの、すなわち前もって形成された思考法のわなに陥っていた。彼らは、次のような彼女の切迫したメッセージにたいして鈍感だったのである。「全体主義的支配の本性についての洞察は、私たちが強制収容所にたいしてもつ恐怖によって導かれる。そしてそれは、時代遅れとなった左から右までのあらゆる政治的相違の価値を切り下げ、さらには私たちの時代の出来事を判断する最も本質的な政治的基準、すなわちそれが全体主義的支配に通じるか否かという基準を導入することに役立つのだ」(6)。

アメリカとヨーロッパの右派の側では、アーレントの分析は歓迎できるものだった。なぜなら、反共産主義であることは反全体主義であることを意味すると解釈されたからである。ソ連だけではなくマルクス主義のイデオロギーにも反対することは、ナチ・ドイツとナチ・イデオロギーに反対するのと同じような道徳的正当性を身にまとうことだった。本の公刊後まもなくアーレントは、アメリカのマッカーシズムの反共主義を中枢で担っているのは元共産主義者だということに気づく。この集団の硬直した知性のあり方は、忠誠を誓う相手が新しくなっても何も変わらなかった。人格や思想の基本的傾向という点では、反共産主義者たちは自分たちの位置を変えることなしに大義を変えることができ、目的が手段を正当化するということを信条とするようなイデオローグであった。彼らの考えでは、全体主義にたいする民主主義の勝利は、民主主義を増進するためのどんな手段をも——全体主義的手段もふくめて——正当化する。

アメリカやヨーロッパの左派の側では、共産主義者たちや社会主義者たちはアーレントの理論の二つの側面にたいして異議を唱えた。アーレントは、ファシスト体制はマルクス主義的革命政府の正反対であるという彼らの信念を軽視している。また、スターリン下のソ連は、マルクス主義とマルクス主義の社会的正義への関係とを裏切ったものにすぎない、という彼らの主張を無視している。アーレントは全体主義の〈諸要素〉と、これらの要素を全体主義へと結晶化させ、またこれからも再結晶化させるかもしれない反政治的プロセスとを注視したのだが、〔マルクス主義への〕こうした批判的観点によって、左派の読者たちにとっては、アーレントが考えたことを理解することはほとんど不可能になった。アーレントはアメリカの冷戦の代弁者だという信念は、一九五一年に（フランスの主権にたいする攻撃としてのマーシャル・プランへの危惧によって焚きつけられた）反アメリカ主義が広がったフランスで、ことのほか強かった。『全体主義の起原』は、フランスの政治討論でしばしば引用されたにもかかわらず、ほぼ二〇年間フランス語には翻訳されなかったのである。一九六八年世代によってフランスの知的思潮が変化した後になって、ようやくアーレントに関する研究が急増し、その結果、多くの序文と追加部分を含む『全体主義の起原』のフランス語版が最近になって公刊された。

ドイツにおけるアーレントの本の受容過程は、とりわけ複雑である。ある程度までその理由はナチの過去が残っていたこと、よく使われる言葉で言えば「克服されていない」こととかかわりがあった。加えて、アーレントが「国際礼譲」comity of nations――アーレントはこれを、ヨーロッパの諸国家の連邦制という意味で考えていた――に肩入れしていたことは、まだ復興なかばであったドイツのありとあらゆる立場のナショナリストにとって、素直にうけ入れられるものではなかった。EUが連邦制に進むかどうかという問題が浮上してきている今日でも、同じような反発は存在している。とはいえ、最初に彼女の著作を熱心にうけ入れたのは、ヤスパースが編者を務めていた『ヴァンドルング』*Die Wandlung* という雑誌の周辺の小さなグループだった。『ヴァンドルング』は、たんにドイツに限られない正真正銘のヨーロッパの雑誌として、当時ヨーロッパで出されていたいかなる公刊物と比べても、左から右までのあらゆる時代遅れの政治的相違を超えるものに近かった。

一九四九年から一九五〇年にかけての冬、アーレントは初めてドイツに戻り、ヤスパースと再会し、二人は諸国家の共同体がどのような形態をとるかということについて、より具体的に考えはじめた。その間に、ドイツについての彼女の印象は「ナチ支配の余波」という表題の論文にまとめられ、『コメンタリー』*Commentary* という新しいユダヤ系の雑誌に発表された――この論文は、『全体主義の起原』の補遺として読むことができる。(7) 全体主義はある国民の政治的、社会的、個人的生活を「根こそぎにする」から、ナチズムはドイツ人たちにとっては暴政よりも悪いものだった、とアーレントは書いている。ナチ支配によって根こそぎにされたドイツの人びとの根っこが再生するかもしれないという希望的観測をアーレントが表したのは、一九五二年になってからのことだった。その年、ドイツの有権者たちは、たどたどしい歩みではあれ、ナチの過去を拒絶しはじめたようにアーレントには見えた。ヨーロッパ防衛共同体（EDC）という提案をコンラート・アデナウアーが支持したことに表されるように、ドイツ人は「旧式《プリミティヴ》のナショナリズム」と彼女が呼んだものを放棄して、将来のヨーロッパ像に向けて同意した。しかし、すぐにアーレントは、その選挙にもアデナウアー自身にも不信を抱くようになる。アデナウアーが「キリスト教ヨーロッパ」を提唱し、再軍備を進めたことを、彼女は再ナチ化と見なしたからである。『全体主義の起原』の出版のためにドイツの出版社をやっと見つけ、一九五三年にそれを母語に訳した時、アーレントは、ナチとソヴィエトの全体主義についての自分の見解が、アメリカの反共産主義者がそうした時と同じようにアデナウアー率いる多数派によって歪曲され利用されるということを、予想して落胆していた。そして、彼女の予想は当たってしまった。

アーレントは一九五八年の版のために、『全体主義の起原』をもう一度修正し、改訂した。その版は「イデオロギーとテロル」と名づけられた新しいエッセイで締めくくられ、そのなかでアーレントはスターリンのソ連が全体主義的であったという自分の主張をより詳細に理由づけた。一九五六年のハンガリー革命に焦点を当てたエピローグでは、スターリン後のソ連の展開を探究し、ハンガリーで自発的に生まれてきた制度、つまり強制収容所や労働収容所に通じる論理とはまったく反対の制度である革命評議会を賞賛した。

これらの修正を行いながら他方でアーレントが気づいたことは、多くの社会科学者においては、全体主義の諸側面についての彼女の注意深い区別はほとんど評価されず、また区別すること自体に価値があることさえめったに理解されないという点だった。そこで彼女はいくつかのエッセイで、次のように抗議している。「政治学者や社会科学者たちのたいていの議論では暗黙の了解となっているようだが……それによれば私たちは区別というものを無視して、結局はすべてを何か別のものとして名づけうるという仮定のもとに議論を続けることができる。そこで区別に意味があるとしても、それは《自分の用語を定義する》権利なら誰にでもあるという程度のことにすぎない」。自分自身の区別能力を明示しながら、彼女は全体主義を（カール・ヤスパースの友人である）大社会学者マックス・ヴェーバーが理念型と呼んだものとして提示し、全体主義という理念型を、暴政や権威主義という理念型から区別して、それぞれを照らし出すために隠喩を使った。彼女の説明では、全体主義的統治は多くの層からなる玉葱のようなものであり、中身のない芯の部分に指導者が位置し、したがってピラミッドのような構造をしている他の統治とはまったく異なる。暴政のピラミッドでは、指導者は頂点に位置し、権威の構造に介入することなく人びとを支配する。権威主義的統治では、指導者は権威主義的構造をとおして支配する。「尋常でないほど多様な［玉葱のような全体主義的］運動の部分、つまり前面組織《フロント・オーガニゼーション》、さまざまな職業団体、党員、党官僚機構、エリート組織、警察機構など、これらすべては、それぞれが一方向においては正面《ファサード》となりながら他方では中心となるような形で相互に関連している。すなわち、一つの層にたいしては正常な外部世界の役割を演じ、別の層にたいしては極端な過激主義を演じるといった具合である……この玉葱構造によって、システムは現実世界の事実性の衝撃から守られている」(8)。彼女は自分が作った理念型が、判断を導く基準としてよりもむしろプロパガンダの慣用表現として他の人びとに濫用されることを恐れていたのではあるが、毛沢東の中国のような戦後に現れた統治形態を判断するために、自分自身でもそれらの理念型を使った。その統治はアーレントの判断によれば混合型であり、全体主義の要素とテロルの要素をもつが、そこにはナチやソ連の統治がもっていた玉葱のような組織構造はなかった。中国政府は他の政権に比べて国全体を網羅する力は弱く、超国家的に影響を及ぼす（そして合衆国の「ドミノ理論」信奉者が想定したように東南アジアを脅かす）力は弱い、と彼女には思われた。

こうして『全体主義の起原』を修正し改良していくなかで、一九五〇年代の終わりから一九六〇年代にかけてアーレントは、理念型として、ヨーロッパやアメリカにおける革命の伝統を、革命評議会の経験とつき合わせて探究する課題にとり組んだのである。（後で論じるように）この後期の仕事は、一九六〇年代末のアメリカやヨーロッパの学生運動にとっては非常に重要なものであったが、とりわけ彼女が『全体主義の起原』にさらにもう一度手を入れた時に、結果としてその本のストーリー展開の一部分となった『イェルサレムのアイヒマン』もまた、一九六八年には同じように重要であった。アイヒマンは総統の意志に考えなしにしたがった凡庸な人間であり、ドイツ人の堕落した道徳的状況を映し出していたという彼女の論争的な結論は、ナチがいかにしてユダヤ評議会を操ったかについての彼女の考察と合わせて、ロルフ・ホーホフートの戯曲『神の代理人』（一九六三年）をめぐる騒乱に巻き込まれることになる。その戯曲は、教皇ピオ十二世が、ナチの収容所について知っていながらなぜ沈黙していたのか、という問題を問うものであった。[9] いずれにせよ、新しい世代が彼らの父親であるナチ世代と断絶しようと試みた時、ドイツで一九六八年の学生運動の必携の書となったのは、『イェルサレムのアイヒマン』だったのである。

一九六〇年代の末には、全体主義――彼女が分析した二〇世紀中葉の形態でのそれ――が繰り返される可能性は、もはやアーレントの発作的恐怖をひき起こす問題でも、政治的判断のための彼女の唯一の基準でもなかった。『全体主義の起原』は一九六八年に、もともとの『反ユダヤ主義』『帝国主義』『全体主義』という三つの部分に対応する三巻本として新版が出された。その各巻には、一九六〇年代後半の世界の政治的現実を記述した新しい序文がふくまれている。『全体主義』の序文は、ソ連の「脱全体主義化」や政治的目的すなわち国益への回帰、東ヨーロッパや中央アジアで起こった隣接する諸国への二〇世紀後半型の侵入（「大陸的」帝国主義）などを論じている。アーレントはソ連のこの新しい帝国主義を、合衆国によってとりわけラテンアメリカで行われている経済的大陸帝国主義に対応するものとして見ていた。ほぼ四〇年がたった今でも、彼女の序文は、十九世紀と二〇世紀に生まれたさまざまな型の帝国主義を探究し、現在の帝国主義はどのような形態をとっているかを開かれた精神で問うことがいかに重要であるかを、私たちに示している。

亡くなる前の五年間、アーレントは死後に出版された三巻の『精神の生活』となる仕事にとり組んでいた。その仕事は『全体主義の起原』についてのアーレントの最後の注釈をふくんでいる。『精神の生活』は、アイヒマンの思考の欠如、悪を行った者の凡庸さについての政治的かつ哲学的な研究から始まっている。彼女が書きとめているように、裁判でその男を観察した時、ある問いが彼女に「押しつけられた」——彼女はその問いを免れることも、強制収容所の運営において彼が果たした役割を意識しないでいることもできなかった。「思考という行為そのもの、結果や特定の内容にかかわりなく何であれ起こったことや注意を惹くことを吟味する習慣、このような営みは、人びとが悪い行いを禁じる条件の一つとなりうるだろうか、あるいは人びとを悪い行いに反対するように実際に《条件づける》ことができるだろうか」(10)。全体主義的要素や非全体主義的要素の〈分析〉から展開した思考の長い糸は、悪を行うことの〈防止〉へと方向を転じていたのである。

悪の陳腐さについてのアーレントの最後の哲学的考察には後でふれるが、『全体主義の起原』の構築や修正がゆっくりと進むなかで、いかにしてその実践マニュアル的な側面が強まっていったかということを、ここで強調しておきたい。代々のどの版においても、アーレントは全体主義の諸要素にたいする洞察にさらなる磨きをかけ、そのような諸要素が全体主義へと結晶化しえたプロセスを照らし出している。わたしがこれから概観したいのはそれらの要素やプロセスであるが、その際にわたしは、『全体主義の起原』の一九六八年版――モーゲンソーの授業では、それをヴェトナム戦争中の一九七一年に読んでいた――のなかの一つの論評を念頭に置いている。その論評は「イデオロギーとテロル」というエッセイのなかに出てくる。そのなかでアーレントは、自分が全体主義の〈限界〉について新しい視点を得たことによって、ソ連の「雪解け」やハンガリー革命以後の世界を、全体主義が世紀中葉の形態で再興するかもしれない場所としてではなく、いまだ存続する全体主義の諸要素が〈新しい〉形態へと結晶化するかもしれない現場として見なせるようになったということを、明らかにしている。「現代の真の苦しみは、全体主義が過去のものとなった時に初めて紛れもないかたちで――かならずしも最も残酷なかたちでというのではないが――現れて来るのかもしれない[11]」。この論評は、予言とも見なすことができる。全体主義の諸要素は、難攻不落の民主主義国家においてさえ私たちとともに存続してきたのだが、それらはもはや二〇世紀中葉の形態をとっていない。

　その実践マニュアルのなかで論じられる全体主義の最初の要素は、一種の「超意味」supersenseとでもいうべきものとしてあらゆる歴史を説明し、その統治と政策を正当化するイデオロギーの存在である。このイデオロギーは、それに同意し、現実から隔たったその前提から推論を行う人びとにとっては、完全に論理的なものに見える。イデオロギーは優越者と排除されるべき内在的な敵（通常は陰謀者とされる）とを指名する。そして徐々に、統治の法体系のための他のすべての基盤を簒奪していく。アーレントは、ナチズムにおける自然のイデオロギー（とりわけ「自然の」人種）と、スターリニズムにおける歴史のイデオロギー（とりわけマルクス流の階級闘争と暴力革命に焦点を合わせたそれ）とを描写した。全体主義社会では、「支配の方法のより所となっているのは、人びとは何らかのより高次な歴史あるいは自然の諸力の機能にすぎないのだから完全に制約可能な存在である、という想定なのだ」[12]。この機能主義こそは、「精神生活」のなかの遺産として根強く残っているものなのである。

全体主義はイデオロギーの命令以外のいかなる法も否定するのだが、それは、人間本性の外部にある何らかの権利の源泉や現行法にたいする信頼の崩壊と一致していた（しかしそれによってひき起こされたのではなかった）。すなわち、一神教的な伝統における法の源泉としての神への訴えも、フランス革命の革命家やその現代の継承者たちの伝統における「自然法」への訴えも、あるいは人間自身が人間に関する事柄すべての尺度であるという思想への訴えすらも、効力を失ってしまったということと一致していた。イデオロギーは世俗化された世界のなかで浸透したが、アーレントが確信していたように（そして「宗教と政治」という一九五四年のエッセイではっきりと述べたように）、「世俗的宗教」ではない。いくつかの学問的な議論はあるにせよ、共産主義はその信奉者にたいして、さまざまな宗教が自由な社会で果たしたのと同じような機能を果たさなかったし、キリスト教の宗教的権威が没落したことから生じたわけでもなかった。それどころか、共産主義のイデオロギーは、宗教団体が禁止された国家から、宗教的経験を完全に消し去ることを要求した。共産主義イデオロギーの説明によれば、宗教的経験は歴史の進展にともなって最終的には不要になる——国家とともに消滅する——のである。

アーレントが指摘したように、一九五〇年代には共産主義に対置されていた「自由な世界」は、キリスト教会が政治から自由で「まったくのところ世俗的な社会の領域の外部にあり続ける」ことができるような、「古代の世界ではまったく聞いたことがない何か」であった。「キリスト教が世俗の統治に関してもつ唯一の関心は、自らの自由を守り、他のさまざまな自由のなかでも政治からの自由を時の権力が容認するように配慮することだった。けれども、自由な世界が自由という言葉で意味しているのは、《皇帝《カエサル》のものは皇帝《カエサル》に、神のものは神に返せ》ということではなく、かつては皇帝のものであった事柄を扱うすべての人びとの権利なのである。公的生活に関するかぎり、私たちが他の何ものにもまして自由を気遣っているという事実こそ、私たちが公的に何らかの宗教的世界のうちで生きているのではないことを証明している[13]」。

アーレントは、マルクスによってあれほど効果的に出された理論的見解、すなわち宗教は一つのイデオロギー、つまり多くのさまざまなイデオロギーのうちの一つであり、一つの「上部構造」あるいは工場で作られる製品と同様の精神的生産物であるという認識に同意しなかった。しかし彼女は、宗教についてのこうした機能主義的な見方が社会科学のなかに編み込まれたことに気づいていた。そして、真正な宗教は政治的世界のものでも、宗教を許容する自由な世界のものでも、宗教を抑圧する全っていた。
体主義世界のものでもないということを、現代の知識人たちが理解するのは難しいということが分か

さらに、アーレントは宗教的なイデオロギーが展開する可能性、つまり、自分たちの宗教が国家的あるいは超国家的な宗教になることを国民国家に住む宗教的な人びとが望むような可能性を、明確に考察したわけではなかった。もちろんアーレントは、複数の政党をもつほとんどの国で（たとえばアデナウアーの国民主義的なキリスト教政党のような）国民主義的な宗教政党があるということを認識していた。そしてたしかに一九五〇年代には何度も、イスラエルがユダヤ教の国家として創設されたということの危険性、あらゆる政治政党を実質的に多かれ少なかれユダヤ教の国民主義的な政党にしてしまうことの危険性を指摘した。しかしアーレントは、彼女の死後に私たちが目撃したこと、すなわち合衆国とソ連の冷戦によってもたらされていた世界秩序が一九八九年にベルリンの壁とともに崩壊した時に生じた、政治宗教の激増を予想していなかった。いわゆる原理主義は、さまざまな成立背景をもつが、つまるところキリスト教とイスラム教の悪用である。アーレントの言葉で言えば、それらはもはや真正な宗教ではなく、超国家的な政治的目的のために宗教を脚色したものであり、そのようなものとして、自然と歴史という二〇世紀中葉のイデオロギーとかなり似た機能を果たしている。

さらには、これらの宗教的イデオロギーは、全体主義的イデオロギーを特徴づけていたのと同じ類の超意味から生じ、それを助長する。それらに賛同する人びとにとって宗教的イデオロギーは反駁できない論理をもっているが、その論理は信者以外の人びとにとっては意味をなさない。というのも、

その前提は共通世界のものではなく、共通感覚と関係をもたないからだ。アーレントの考えでは政治的判断は、世界に現れる事柄や人びとや出来事から始まり、一般的な言明へと向かう。それは、カントの言葉で言えば「反省的に」展開するのであって「演繹的に」ではない。政治的判断は意見として表現されるのだ。しかし、（カントやヤスパースを除いては）意見を尊重する哲学者や宗教的イデオローグはいない。哲学者たちは、意見は絶対的な真理とは関係がないと言い、宗教的な人びとは（正真正銘宗教的な人びともイデオローグたちも）啓示された唯一の真理しか尊重しない。自由な政治的組織はその大小を問わず、意見の交換や討論や議論のための自由を守り、意見の権威の上に成り立っているが、その事実によってそれらの組織は、共通世界を超える権威を求める人びとにとっての呪いの対象となっている。こうした理由から、マックス・ヴェーバーは「宗教的戦士たちと議論することはできない」と簡潔に述べたのである。

世界のなかで、教会と国家の分離がほとんどない地域や、そのような分離が（今のアメリカのように）侵食されてしまっている地域では、宗教的信念は政治的道具にたやすく悪用されてしまう。二〇世紀の初めには帝国主義的でなかった宗教が、帝国主義的になった。アメリカでは、キリスト教原理主義者が民主主義の「十字軍」を名のり、中東ではイスラム原理主義者が「新しいカリフの統治」を宣言している。宗教的国家としてイスラエルは、ユダヤ人国家を創立する必要性のもとにパレスチナの非ユダヤ人すべての難民化が正当化された一九四八年の建国以来ずっと、防衛（今では核攻撃能力を有するそれ）のための宗教的遺産をもち続けてきた。その遺産は、難民たちの無国籍状態を是認する「大イスラエル主義」を擁護する超国家主義的なものになった。イランは再び宗教指導者ホメイニーの下でそうであったようにシーア派の一党独裁政権となったが、今の指導者たちは物騒にも、「すべてのユダヤ人を海に叩き落とし」、イスラエルに、ヨーロッパに戻って国を作りなおし、パレスチナ人に場所をあけるようにさせる、と大言壮語している。とはいっても、イランの宗教的政府はまだ完全に世俗的市民や選挙手続きを抑圧してはいないし、まだ超国家的な土地の収奪を主義として採用しているわけでもない――だからこそ、テヘランのさらなる過激化や軍事化を防ぐために外交の必要性を説くヨーロッパや国連の人びとは正しく、あのような危険な十字軍のもとに、テヘランを侵略するぞと脅しているアメリカ人たちは間違っているのだ。

全体主義の第二の要素は全体的テロルである。アーレントは、それが本質的にナチの強制収容所やソ連の労働収容所に制度化されているのを見てとった。全体的テロルは、最終的にはいかなる住民をも容赦しないが、それに先んじてこれらの統治形態では、伝統的な階級構造や政治的な忠義といったものが熱烈な政治「運動」へと解体され、結果として大衆社会における大量の人びとの追放や移動を必要で正当なものと思わせるような事態が生じていた。アーレントはまた、一九四五年の核兵器の導入は、世界を新しい形の全体的テロルの脅威の下に置くことになったと書いている。つまり、もし新しい形態の全体主義がこうした兵器をとり入れるならば、その脅威を我が物とするための新たな制度が必要となるだろう。しかしどんな形であれ、鍵となるのは全体的テロルのなかの〈全体的なもの〉である。大量の人びと、ある集団全体を、進んで迫害し（実践的あるいは戦略的理由のためではなく）イデオロギーの論理の犠牲にするということがいったん歴史に現れた以上、それがなくなることはない。こうした破壊はもはや「考えられない」ことではない。残念ながら、それは考えられうるばかりか、思考の欠如によって呼び起こされうるのだ。全体的テロルや全面戦争は、いつ現れるとも消えるとも分からない病として、五〇年以上私たちとともに存在し続けてきた。

冷戦の最初のころ、核兵器を保有する超大国の首脳たちは、アイゼンハワーやチャーチルのような戦時中の首脳が表明し、高飛車なフルシチョフさえうけ入れた行動の原則に同意した。それは、全面戦争と不戦の中間点はない以上、核による大量殺戮の可能性は、戦争が政治の道具となってはならないということを意味する、というものだった。しかし、この原則は長く続かなかった。一九六〇年代の半ば、キューバ・ミサイル危機の後にヴェトナム戦争が激化し、さまざまな中間戦争 middle-ground wars が世界中で勃発していた時、ワシントンやモスクワではいかなる不戦規定も——核実験を禁止する条約にもかかわらず——うけ入れられず、核兵器が量産されしばしば独裁政権を補強しているような国家では、そうした協定は完全に無視されていた。核実験と「限定」核戦争の恐怖はそれ以来めずらしいものではなくなった。そして近年私たちは、ある国家が核兵器をもっているかもしれないという告発さえ、いかに思考を麻痺させるものであるかを見てきた。核抑止ドクトリンが頓挫し、核兵器が非超大国に拡散したことが背景となって、国境のないテロリズムの潮流が生まれ、政治における一般的な暴力化が進んだ。一九五〇年にはすでにアーレントは、カール・フォン・クラウゼヴィッツの、戦争は他の手段をもってする政治の継続であるという有名な言明を、冷静な意見をもって考察していた。「この言明を逆さにしたほうがよりもっともらしく思われる。政治は他の手段をもってする戦争の継続である、と」[14]。究極的には他の人びとと地球を分かち合うことを意味する政治にたいする関与が、世界で少なければ少ないほど、暴力とテロリズムへの傾向は高まるということに、彼女は十分気づいていた。

アーレントが全体主義の第三の要素と見なしていたのは、自然な人間の絆の破壊、とりわけ婚姻を管理する（そして優秀とされる人びとと劣っているとされる人びとの結婚を禁止する）法律によって成し遂げられた家族の破壊であった。絆は、家族の一員を偵察し密告することを強いるような警察活動によっても攻撃される。全体主義的統治においては、公的空間の破壊――政治の破壊――とともに、親密な関係や家族の生活のための私的空間も破壊された。

（統治上であれ宗教上であれ）イデオロギーの担い手による私的空間の侵害は、さまざまな種類の国家的道具立てのなかで、二つの重要な形をとる。第一に、イデオロギーを植えつけるために学校システムが使われる。合衆国では、学校のカリキュラムは、宗教教育の公的資金のためにロビー活動を行っているキリスト教布教者にとって重要な戦場となった。他方、住民の大半をイスラム教徒が占める世界の多くの地域では、宗教的な学校が唯一の認可された（そして男子のためだけの）学校である。二〇世紀半ばの全体主義の遺産がまだ生き長らえている地域では、帝国主義の歴史はいまだに誤って教えられている。宗教的イデオロギーの領域外の例を一つあげるなら、日本では歴史の教科書が、朝鮮の残忍な植民地化に終わった一八九〇年代の日本の帝国主義を否定している。同じ教科書は、一〇〇〇万と見積もられる民間人の死をもたらした第二次世界大戦中の日本による中国東北部への侵略を省略している。宗教的イデオロギーが君臨する国家では、とりわけ深刻なイデオロギー操作のもう一つの領域である婚姻と生殖の規制は、今では、劣っているというレッテルを貼られた集団を分離するためだけではなく、女性や性的マイノリティにたいする管理を維持するために使われている。

しかし、現在の環境での家族生活の規制は、旧い管理方法と同じくらい人間の絆にダメージを与えるようなさらなる結果をもたらしている。とりわけ、家族の構造が急速に変化している地域や二〇歳以下の人口の割合がつねに増加しているような地域では、若者たちを支配したり政治的任務を彼らに強要するために、ナチの青年運動が素人的にすら見えるような規模で、世代間の結束がたえず濫用され、破棄されている。世界中で子供たちが、兵士であれ売春婦であれ、囚人であれ家族の長であれ、大人の役割を強いられている（今一五〇〇万人になるエイズ孤児の多くがそうである）。もっと悪いことに、こうした子供たちの多くが無国籍なのだ。国連児童基金ユニセフの見積もりによれば、毎年五〇〇〇万人の子供たちが出生時に登録されてもいなければ、法的証明書を与えられてもいない――第二次世界大戦中に無国籍にされた人びとの数が少なく見えてくるような数字である。[15] 子供にたいする罪――子供にたいする人道的な罪――の多くは、いわば、遂行の罪というよりも怠慢の罪である。つまり子供たちが、普通の成長のために必要な最低条件を与えられないということである。彼らは幼年時代を奪われているのだ。しかし子供たちの生育が阻まれ、あるいは正式の認知を受けないような地域では、将来の市民が生み出されず、（アーレントの言葉で言えば）「新しい始まり」がはぐくまれず、この「幼児性」（と偏見で呼ばれるようなもの）は、ある意味で限界のない全体主義の前兆ともなる。

官僚制による統治は、全体主義の第四の要素とアーレントが見なしていたもので、アーレントはその歴史を十九世紀の帝国主義体制から跡づけ、それがドイツとソ連において「誰でもない者による支配」になった時、個人の判断と責任に与えた打撃を検証した。彼女はまた、要素としては国民軍ではなくむしろ秘密警察によって、そして、とりわけ私的領域と公的領域を守るための（言論の自由、報道の自由、集会の権利などの）法制度の崩壊によって、全体主義体制の支配を特定していた。全体主義的統治は絶対的主権を主張し、その結果、〈民族〉が住む土地への大陸帝国主義を正当化したのだが、その〈民族〉とは、彼らのイデオロギーにおいて断言された生物学的ないしは歴史学的な用語で主張されたものだった。（アーレントによる主権批判は、彼女の仕事のあまり知られていない側面であり、この点については後で詳しく述べようと思う。）

また、全体主義のこの最後の要素を明らかにするなかでアーレントは、『全体主義の起原』における基本的なプロセスに関する洞察の一つに磨きをかけつつあった。十九世紀の海外帝国主義――アフリカ、中東、およびアジアの一部を植民地化したヨーロッパの諸国――は、それらの土地に彼ら自身のうちの余計な人びと、階層から脱落した群衆《モッブ》を輸出した。そしてそのモッブたちを監督した典型的な植民地官僚は、モッブや植民地化された人びとを人間以下の存在として扱い、現地の法や慣習を踏みにじることを当たり前だと考えていた。アーレントは、このような帝国主義的方法がひるがえってヨーロッパの諸国家じたいを崩壊させ、諸国家はその方法を大陸帝国主義へともち込むことになったと論じた。事実、ドイツもロシアも自身にとって不要な人びと、ユダヤ人や反体制派たちを送り出して植民地を作った。強制収容所と労働収容所の基本型は、南アフリカのホームランド〔アパルトヘイト政策にもとづく黒人居住区〕にあった。

この、自分でまいた種を刈り取るような過程、あるいは「隠れたメカニズム」は、全体主義的な要素が結晶化して、全体主義政権が完全なものになることに役立った。すなわち、外国の「他者」に向けて実践された原《プロト》全体主義的な方法は、それが生活様式となった時、より激しいものになったのである。人間を人間として扱わない習慣、人間を機能的な意味で考える習慣は、結局本国の同胞たちにはね返り、最終的には全体主義者たち自身にまで及ぶようになった（たとえば、ヒトラーが劣った「アーリア人」や自国の軍隊を排除しはじめた時、あるいはスターリンがソ連の専門職の階級を粛清しはじめた時などがそうである）。アーレントはまた、「すべてが許される」とする全体主義者たちにたいする闘いは、たとえば第二次世界大戦の連合軍が戦闘員と一般市民の区別を無視しはじめ、一九四五年にドイツと日本の非軍事的な諸都市を爆撃したように、容易に全体主義的方法へとひき込まれうることにも気づいていた。日本では、一日で十六万人が直接に殺されたと見積もられたが、アメリカではこの結果について——当時あるいはその後——国民的な議論は実際に行われなかった。二〇年後に合衆国がヴェトナムで長期戦を戦うことになった時にはすでに、合衆国政府は、一般市民に爆弾を落としたりナパーム弾で攻撃したりすることを許容可能な行為と見なしていた。これは、ハンス・

モーゲンソーに国家安全保障顧問の地位を抗議の意味で辞任させることになった展開のうちの一つだった。今では、アフガニスタンとイラクにアメリカが侵攻した際の一般市民たちの死を、日常的に「付帯的損害」と名づけることにたいして、不平を訴える者はごくわずかしかいない。目的が手段を正当化すると考えることは異例ではない。というのも、目的以外の何が手段を正当化するだろうか？しかし、この種の考えが唯一の考えになってしまうならば、手段が時間を超えて目的になることは明らかなのだ。

一九九〇年代の半ば以来、さらに明らかになったことがある。全体主義と戦うために全体主義的な方法が採用されたことは、現在の世界秩序の形成をうながしたが、なかでも最も恐ろしいやり方は、冷戦の時期に合衆国が、ソ連の共産主義に対抗するための代理人としてイスラム原理主義者たちを支援した際に実践されたのだった。それはまず小規模なかたちで、アイゼンハワー政権の時に、エジプトのハッサン・アルバンナによって率いられたムスリム同胞団を支援することから始まった。その集団は、一九四八年のユダヤ軍との戦闘に加わったパレスチナの約二五の部隊をふくめて、中東一帯とインド亜大陸に分派を拡大していた。ワシントンでもともと期待されていたのは、共産主義イデオロギーがアラブ諸国家に影響を及ぼすのを防ぐ役割を政治的イスラム主義が果たすのではないかということだった。しかし、支援政策は次第にアラブの超国家主義を鼓舞し中間戦争に資金を出すことにねらいを定めるようになる。合衆国によるアラブ超国家主義（それはワッハービズムというイデオロギーをもつ）への支援は、ムスリム同胞団を代理人として使って右翼的なアラブ国家のネットワークを生み出そうと勢いづいていた反動的なサウジ王国に集中していた。サウジアラビア人たちもまた、ナセル下のエジプトにたいする同胞団の暴力的な対抗を当てにしていた。ワシントンではナセルは革命的なナショナリストと見なされていて、ペルシャ湾岸における合衆国や英国の石油利害に真っ向から挑戦していた。

アメリカの援助とともに、暴力がCIAの手法によって同胞団全体に拡大する。最も不吉な例をあげれば、CIAは、一九八〇年代のソ連のアフガニスタンへの帝国主義的侵攻にたいするレジスタンスにおいて、アフガニスタンの闘士たちを支援した。当時、CIAはウサマ・ビンラディンがアルカーイダの前身である「アラブ・アフガン」のネットワークを形成するのを助けている。その間に、アフガニスタンのタリバーンは、ムスリム同胞団を模範にしていたパキスタンのイスラム教徒によって養成されていた。彼らは今度は一九九〇年代をとおしてアルカーイダを支援したが、そのころアルカーイダは、「西洋」とまさに自分たちを養った者とにたいしてテロ攻撃のねらいを定めはじめていたのである。

『全体主義の起原』が完成に近づき、冷戦という国際的な闘争のなかでその本がどのように受容されてきたかを観察するころになってからでさえ、アーレントは、わたしが概略を述べたような全体主義のいくつかの要素についての彼女の理解を修正しはじめようとしていた。彼女は二つの種類の新しい現実によって駆り立てられていた。ドイツから出てくる回顧録と、とりわけソ連の収容所の生き残りの人びとの回顧録とによって。そして、市民が厳格な憲法を尊重するということに守られたアメリカの政治制度が、マッカーシズムにたいしていかに反応したかということによって。

生き残りの人びとの回顧録は、全体主義の決定的な制度である収容所においてさえも政治が完全に消えてしまうわけではないことを彼女に教えた。「忘却の穴」は完全な忘却の穴ではない。この事実は、彼女が「結び」のなかで述べた主張と合致していた。彼女の主張によれば、全体主義者の「功利的な動機にたいする軽蔑」、イデオロギー的に定められた目標に執着した全体主義者たちによる現実や常識的特徴の果てしない否定は、その体制が地球規模でないかぎり、あらかじめ限界をもっている。全体主義者たちは、度を越した時には、彼らの超意味に感染していない人びとの抵抗や反対を生み出した。とりわけ、彼らができるだけ早く——実行不可能な仕方で——征服しようとした国々においてそうであった。「最終的な結果を見せるために地球規模の支配を要求するような実験には、避けがたい限界があることを、［誰でも］心に留めておくべきであろう。今までのところ、すべてが可能であるという全体主義者の信念は、すべてが破壊可能であるということしか証明していないようだ[16]」。

概念的な用語で言えば、アーレントが気づいたのは、人間の複数性が完全に破壊されないかぎり、つまり人びとのアイデンティティや行為が完全に抑圧されてしまわないかぎり、新しい始まりは可能であるということだった。全体主義の脅威にたいして保護されなければならない本質的なものとして複数性を見ることによって、彼女はその課題の枠組みをはっきりと描くことができた。まず彼女は教訓を与えるものとしての全体主義を提示する。全体主義は強制収容所という先例のない制度を用いて、それまで想像もできなかった事柄の可能性を示した。「しかしすべてが可能であることを証明しようと努めるなかで、全体主義体制は知らないうちに、人間が罰することも許すこともできない犯罪があるということを発見した。不可能なことが可能にされるなら、それは罰することも許すこともできない絶対悪となる。私利、貪欲、強欲、ルサンチマン、権力欲、臆病といった悪い動機によってはもはや理解も説明もできず、それゆえに怒りでは復讐できず、愛でも耐えることができず、友情が許すことのできない絶対悪となる。死の工場あるいは忘却の穴の犠牲者たちが死刑執行人の目にはもはや《人間》ではないのと同じように、この最も新しい種類の犯罪は人間の罪深さという意味での連帯をも凌駕するのだ(17)」。

アーレントはアイヒマン裁判の後、絶対悪あるいは根源悪について語ることをやめ、その犯罪を表すために「悪の陳腐さ」ということを言ったのだが、だからといって新しい犯罪——ニュルンベルク裁判で「人類にたいする犯罪」と呼ばれたもの——は人間の複数性の否定をともなうという主張、つまりそれは法的な意味で何らかの特定の権利を人間に与えないのではなく、権利をもつ権利を与えないのだという彼女の主張を放棄したわけではなかった。アーレントの観点からすれば、人類にたいする犯罪において暴行を受けるのは、人間の共同体に属する権利、一つの塊に還元されない権利や余計者にされない権利、無国籍や無権利にされない権利である。それは、複数である人間によって複数である人間について語られた物語のなかで真実性をもって記憶される権利、歴史から消されない権利である。「人類にたいする犯罪」は、アーレントの用語で言えば、人間の複数性にたいする犯罪として定義できるかもしれない。そしてそのような犯罪を判断するためには、大量殺戮の動機ではなく、たとえばある集団を無国籍にするといったような、複数性を否定する動機を証明すればいいのである。(この基準によれば、ダルフールで進行中のブラック・アフリカンの追放と蹂躙は人類にたいする犯罪であり、それとして訴追されるべきなのだ。死者の数がルワンダの割合に達して公式に「大量虐殺」と呼ばれるのを待っている場合ではない。)どのような形かは特定しなかったがアーレントが「結び」で訴えていたのは、「意識的に工夫された新しい政治形態」の必要性——新しい仕方で人間の複数性を保護するような「意識的に計画された歴史の始まり」——であった。(18)

わたしは『全体主義の起原』を実践マニュアルとして描きながら、他方では私たちの世界で全体主義の諸要素がとってきたいくつかの形態についてもほのめかしてきた。ここで、この問題について直接言及しておきたい。わたしの見たところ、アーレントの本のなかの三つのテーマは、ベルリンの壁崩壊以後、もっと最近では世界貿易センターとペンタゴンへの攻撃以後に起こったことについて私たちがある程度はっきりと考えぬこうとする時、とりわけ熟考に値する。これらの攻撃によって、現在の政治的要因を決定づけていると同時に、冷戦の終焉から生じた希望にあまりにも反している、いわゆる対テロ戦争が始まったのだ。

第一のテーマは、本書の冒頭で述べた、人間事象における新しい経験《ノヴェルティ》というテーマである。私が示そうと試みたのは、アーレントはその本『全体主義の起原』を執筆し修正するなかで、政治的な分析を行う際のある習慣を身につけ、その規律を生涯ずっと手放さなかったということだった。彼女は、「全体主義」そのものを手始めとして、自分が探り当てたそれぞれの概念の歴史的意味と現在におけるその有効性を問いながら、区別し考えをはっきりと概念化することにとり組んだ。今起こっている政治的出来事や問題を熟考しようとする時、彼女は——トゥキディデスがペロポネソス戦争の進展中にその歴史を書いた時のように——よく知られていてすでに概念化されているものを、新しいもの、政治的な対話のなかで概念化し議論できるようになり始めたばかりのものから区別することを、とりわけ重要だと考える。そして、全体主義は専制や寡頭政や民主政のようなよく知られた形態とは異なる新しい支配形態だと主張した時、アーレントは、何がその「先例のなさ」なのかを注意深く入念に述べることを、自分の責任と見なしたのである。（彼女はいつもこの「先例のなさ」という言葉をきわめて厳密にもちいた。それが私たちの政治的語彙のなかで最も使い古された言葉になったアイヒマン論争の後は、とりわけそうだった。）全体主義体制に効果的に対抗するには、この支配形態を新しいものとしている特徴を抜き出すことが必要だとアーレントは理解した。わたしが示したように、彼女にとって政治的分析は、過去から教訓を集めるというよりもむしろ、新しい創造的な応答を必要とする新しいものを見分けるという問題だったのである。

こうした第一のテーマの考察に際して、まず述べておきたい。「アメリカへの攻撃」にたいするアメリカの公的な反応の始まり方が、呆然自失の状態のなかで起こったことは理解できるが、その調子は思慮を欠いたものでもあった。ジョージ・W・ブッシュ大統領やたちまち結束した米国議会はその攻撃を戦争行為と呼び、さらには宣戦を布告した。真珠湾攻撃がたえず引き合いに出された。しかし同時に明らかなのは、合衆国は宣戦布告していたが、そこには敵国もいなかったし（最初は）責任を公言する非国家的集団さえいなかったということだった。ハイジャックされた致命的な航空機の背後には、日本もいなかったし、（最初は）正体が分かる犯罪者やテロリスト実行犯もいなかった。つまりアメリカ人は「テロとの戦い」への覚悟を求められたのだが、その文句は、「薬物との戦い」と同じくらい相手を特定しない言葉であり、いっそう危険なものだった。敵が名指されない時、あらゆる戦争のルールの外にある無限の戦争への扉が開かれる。大統領はその次に、テロリストをかくまっているいかなる国もアメリカの敵だと宣告しなければならないと感じ、空白となっている日本の代わりとなる国家を見つけるという無駄な努力をした。そしてアフガニスタンが標的となった。合衆国を攻撃したのはおそらくタリバーンではないにもかかわらず、軍隊をもつ国家としてアフガニスタンは敵と見なされた。しかし、アメリカへの攻撃の後に多くのアメリカ人たちが気づいたのは（情報組織などではすでに長いこと知られていたのだが）、テロリストは（合衆国をふくむ）世界のどの国家にも、その国家が直接的に彼らを支援しようがしなかろうが潜伏していること、そして多くのテロリストが共通点をもち、国境を越えた、あるいは特定のイデオロギーの境界さえも越えた活発なネットワークをもっているということだった。

今世界中に相互に関わりをもつテロリスト支部や訓練プログラムがあるということは、新しい情報ではないし、世界貿易センターへの攻撃さえももちろん先例のないものではない。すでに一九九三年に攻撃はあった。その攻撃手段——爆薬を身につけた自爆——は新しいものではなく、ただ恐ろしく増強して、一人乗りのカミカゼではなく、一般市民がたくさん乗った航空機を巻き添えにするまでになったにすぎない。アメリカ人たちは、自身の技術による誇るべき成果が自分たちを襲うのを目撃した。攻撃は計算ずくでなされ、その担い手は、西洋技術の成果を道徳的に腐敗したものとして軽蔑している者たちであった。しかし、そこで新しいものは何であったのかということは、この出来事への反応に目を向けるならばもっとはっきりしてくるだろう。そして、その反応がどのような仕方で、テロリズムの変遷を、普通の人びとにも諜報機関にも明らかにしているのかをよく考えるならば。

攻撃への反応はさまざまなレヴェルで先例のないものだった。第一に、国際政治のレヴェルでは、北大西洋条約機構（NATO）が初めて「集団防衛」ドクトリンを発動した。アメリカの同盟国はただちに結集して協調行動についての議論にとり組んだ。彼らは米国議会の面々よりもずっと政治的である覚悟ができていた。つまり、アメリカ大統領を後押しして戦争にゴーサインを出すのではなく、どのような行動が適切であるかを公的に議論し論争する用意があった。合衆国と敵対的な関係が続いていた国々は、協力するようにうながされたか、あるいは二〇世紀半ばの全体主義の遺産を受け継ぐロシアと中国が思いがけなく行ったように、自発的に前に踏み出したかであった。これらの新しい同盟関係が持続するかどうかは誰にも分からなかったが、彼らは世界秩序に深い変化をもたらす可能性を生み出した。その瞬間こそは、潜在的には国際的な規模の革命的なもの、ベルリンの壁崩壊以来なかった何かであった。もし合衆国政府が、潜在的には他の諸国をもふくみうるこうした国家間での調整行動をとることができていたならば、あるいはアメリカ大統領が、いかなる主権の放棄をも忌避するというアメリカの伝統を克服することができていたならば、そして論点を討論し対応を調整する機関として国連をより所にしていたならば、アーレントが「相互の約束」と呼んだものが生じたかもしれない。

しかし、第二の先例のない反応の特徴は、第一のものに非常に不利に働くものだった。国家安全保障がたちまち合衆国政府の優先事項となった。国家が――犯罪現場やニューヨーク市だけではなく――一夜にして軍事化され、かつて一度もなかったような仕方で警察化された。提案された安全保障抜本策の多くは現行の法律やプライヴァシーの権利に挑むものであり、総じて先立つテロ攻撃への反応を超えるものだった。巨大な政府再編成によって国土安全保障省ができ、行政府の勢力範囲が広大になり、他方で諜報機関が影の政府のように、つまりアーレントがマッカーシー時代とヴェトナム戦争時に原全体主義であると見なしたような形で作動しはじめる。

第三の、もっと言葉になりにくい特徴は、9・11以後に展開した主観的な反応である。それは、合衆国だけでなく世界に歴史的な裂け目が生まれたのだという、ほとんど異口同音の主張（あるいは感情）であった。新聞や世界中の人びとの議論のなかで同じことが大きくとり上げられ、（『エコノミスト』の表紙にあったように）これは「世界が変わった日」だったと言われた。中東からの声の多くは、「ほら、テロと共に生きることがどういうものか分かっただろう」とアメリカ人をたしなめた。しかし、いたるところで理解しようと努力されていたのは、なぜ今回の世界への脅威はそれまでのテロによるものよりも深刻に見えるのかということだった。そこでは、世界終焉の筋書きではなく、テレビで繰り返し放映される実際の攻撃が問題となっていたために、一九六二年のキューバ・ミサイル危機よりもはるかに脅威的なものに見えた。世界中の人びとは初めて、現代的生活の物質的社会的条件が意味するところ、つまりこの規模の――あるいは生物兵器や化学兵器や核兵器を使えばもっと破壊的にさえなるだろうが――テロ攻撃がいつ起こってもおかしくないということを、具体的な形で把握したのである。行為を担う敵国をもつ必要さえなかった。全体的テロルの今日の姿が露わになった時、この攻撃によって先例のない徹底的な不安がひき起こされたのである。

　重視すべきことだが、この根底的な不安感は、ブッシュ大統領の用語にもかかわらず、攻撃が戦争行為ではないという事実と結びついている。戦争行為と呼ぶことによって、それは馴染みのものとなり、冷戦以前の戦争のイメージ、つまり交戦部隊やあらゆる戦場を葬り去ることへと向けられる核戦争を「思考不可能なもの」として除外した戦争のイメージと同列におかれた。その攻撃を戦争行為と呼ぶことは、〈願望にもとづいて〉それを核以前の真珠湾攻撃と結びつけることであり、世界的ではあるがまだ限定されている、勝利可能な戦争へとアメリカ人を送り出すことであった。戦争は勝利可能だと見なされ、手ごろな戦争の定義がそれ以後「自由世界」に許した行為は、九月十一日に起こったことよりもはるかに破壊的なものであった。全体主義国家ドイツとその同盟国日本との戦いにおいて、アメリカの飛行機は焼夷弾や原子爆弾によって何十万人もの一般市民を殺した――そしてこれらの行為は、合衆国は戦争中であり、戦争をできるだけ早く勝利に終わらせようとしたのだという理由で、正当なものとされたのである。連合国による一般市民への爆撃によって、一般市民と戦闘員のあいだの区別が世界的になし崩しになった部分もあることを考えると痛ましい。こうして人間のあいだの区別が曖昧になったことは、戦争の性質を大きく変えたので、現在では圧倒的な一般市民の死傷をともなう戦争を「勝った」と弁護する道徳的あるいは政治的な方法はない。だからアメリカへの攻撃が私たちに思い出させるのは、第二次世界大戦の終結以来、私たちは皆、一般市民が日常的に標的となるような世界に生きており、いかなる暴力行為においても――宣戦布告された戦争の流れであろうとなかろうと――一般市民への大火は食い止められないということなのだ。

さらに、九月十一日の攻撃は、そもそも軍隊同士の戦争とはなりえない敵に直面しているのだということをアメリカ人に思い出させた。テロリストのネットワークは、第一次湾岸戦争においてイラクがそうであったように、敵を麻痺させるミサイルの一斉発射によって攻撃できるような国家ではない。そこでブッシュ政権は、アフガニスタン侵攻の準備段階で、歴史的な類比の仕方を変更した。ラムズフェルド国防長官は、真珠湾攻撃について語るのをやめ、新しい冷戦、つまり最初の段階を過ぎると世界のテレビ画面には映ることなく起こるような長い戦争について語りはじめた。（結果として彼が公表していたのは、それ以降生じた不法逮捕や拷問や犯人引渡しのプログラムのことだった。）アフガニスタンは「テロにたいする」戦争宣言の対象とはならない国だが、その国民である大量の民間人を殺し、彼らを難民にすることによって、アメリカは不当な侵略者となり、合衆国とその同盟国である「西洋」を憎む理由をいっそうもつ多くのさまざまな国民からなる、テロリストのさらなる世代に道を開くことになる。そのことはアメリカの指導者たちもある程度分かっていたようだ。それにもかかわらず、ブッシュ大統領はテロリストを「根絶する」と威嚇した。なぜなら、根絶されなければ彼らやその後継者が再び攻撃してくるだろうことは明らかだったからである。

彼のこうした演説にもかかわらず、侵略に反対する人たちは、たとえアフガニスタン全土が荒廃に追いやられたとしても、テロリストのネットワークは軍事的侵略によっては根絶できないと警告した（ヴェトナムの地理的社会的構造のなかに組み込まれたゲリラ組織が、大量の爆撃によっては根絶可能でなかったのと同様に）。さらに、もしアフガニスタン全土が荒廃させられるならば、難民であふれ犠牲となったアフガニスタン人たちに共感するその地域の他の諸国は、（戦略家が言うように）不安定になるという意味で、戦争には際限がなくなるだろうと述べた。ブッシュ政権が二〇〇三年に、恐るべき新たな先例となるイラクへの先制攻撃を準備し、サダム・フセインは近隣諸国と「西洋」に向けられた大量破壊兵器（ＷＭＤ）をもっているという主張によって、その攻撃が正当化された時、こうした可能性はすべて再び考慮されることになった。しかし、世界中の都市や街で例を見ないほど多くの人びとが参加したデモによって起こった討論は、ワシントンでは黙殺され、議会は最高司令官に屈服した。アメリカ共和国の伝統である抑制と均衡は、これまでのいかなる軍事作戦においてよりも決定的に脅かされた。

テロリストのネットワークを確定するために、ブッシュ政権と報道機関は、対アフガニスタン戦争から五年後もまだ逃走中であるウサマ・ビンラディンという人物に関心を集中させた。彼は「黒幕」

として表され、常にヒトラーやスターリンになぞらえられた。彼に注意を集中させることは彼に力を与えることにもなり、イスラム世界における彼の名声を高めた。一九九八年にアフガニスタンに無用な空爆を行った時にすでにクリントン政権が高めていた名声である。ビンラディン自身はインタヴューで、もし自分が殺されたならば次のそのまた次のビンラディンが現れて自分の代わりを務めるだろうと明言した。彼はヒトラーやスターリンではない。彼の組織は、アーレントが玉葱にたとえたような類の、国家にもとづくあるいは統治上の全体主義政権とは完全に異なる。官僚制の階層は存在せず、彼の支持者たちは国家の代理人として自らの役割に凡庸に身を捧げる官僚ではない。この組織は、ほとんど不可視の網の目であり、その糸は電子化したコミュニケーション・ネットワークの世界的な接続によって繋がっているが中心化されてはいない。何百もの組織のこのネットワークは、ムスリムの人びとがいる所にはどこにでも存在し、集団名としてはかつての革命運動を明らかに表す「世界イスラム戦線」という名を採用しているが、「戦線」に向かう最前列はないし、これは社会的あるいは政治的な革命運動ではない。つまりそれは、ムスリムの純粋性を〈回復〉させるための企てである。

戦争によって達成されえない――テロを根絶するという――目的をもつ戦争を準備するという合衆国政府の反応によって、このテロリズムの新しい組織的な特徴というものがはっきりとした。つまりそれは〈明らかに〉政治の目的にかなうものではない。これは、アイルランド共和軍や（空想的な民族的不正の領域での）アメリカの擬似ナチ的反政府武装組織のような、民族的不正を修正し政府に異議を申し立てるための国内あるいは領土内のテロリズムではない。それは民族解放に尽くすテロリズムではない。世界イスラム戦線にふくまれる組織のいくつかは——とりわけエジプトでは——腐敗していると彼らが感じている特定の国家政府に、とって代わろうという目的を確かにもっているにしても。それは、パレスチナの〈インティファーダ〉のような、国家をもつという熱望にかられたテロリズムではない。テロを支援している国家もあるにはあるが、それは国家の後援をうけたテロリズムではない。さらには、それは、一九七〇年代と一九八〇年代に「国際テロ」として知られたもの、「赤い旅団」のような仕方でテロリストが国境を越えて移動したり結びついたりして誘拐や暗殺を実行し、暴力的手段によって政治的声明を出したような種類のものではない。これは、先例のない形態のテロリズムであり、明らかに〈反政治的〉な超国家的目的によって結合された、自国あるいは他国に住む多くの国籍の人びと（ほとんどが男性）を巻き込んでいる。アーレントは全体的テロルを全体主義の必須の要素と見なしていたが、これはその新しい形態なのである。

わたしが議論したいと思っている『全体主義の起原』の第二のテーマは、超国家主義と反政治的目的に重点が置かれているという点である。アーレントは、十九世紀の最後の数十年と二〇世紀の全体主義の始まりの時期にかけて、二つの基本的な政治的熱狂のあいだの大きな緊張関係を追跡する。一方で、人びとは国民国家、つまり生まれ、あるいはフランス人が国民性 *nationalité* と呼んだものによって結びついた何らかの同質性をもつ人びとを、一つの法的実体へと統合する国家を創設したいと考えていた。十九世紀の革命は、君主国や帝国を解体し、制限立憲国家、世俗国家を創設することに情熱を注いでいた。他方で、とりわけヨーロッパでは、国境を越えて政治的・経済的勢力範囲を広げるために、新たに構成されたか再構成された国家を欲した人びとも多かった。国家に支援された帝国主義の二つの形態が台頭し、アーレントはそれに海外帝国主義と大陸帝国主義という名前を与えた。ほとんどのヨーロッパの国民国家は、アフリカや中東やアジアに海外植民地体制を設立し、植民地化された人びとにたいするいかなる法的保護も拒み、彼らや彼らの資源を情け容赦なく搾取した。その一方で、結果として全体主義が全面展開した二つの地域では、イデオローグたちが汎ゲルマンと汎スラブの超国家主義を引き合いに出して、後に非アーリア人を除去するためのナチのプログラムやスターリン主義者の大量殺戮や労働収容所や粛清をあおることになった、ゲルマンやスラブの魂についてのイデオロギー的な神秘化を活用していた。

国家的野望と超国家的野望のあいだの緊張関係はさまざまな形をとった。しかしアーレントにとって明らかだったのは、超国家主義の生み出したものが勝利を収めたということである。超国家主義は——連邦もしくは連合といった——制限国家を結合させたものではない。むしろそれは、制限立憲形態を解体し、人びとの無形の結束、すなわち徹底的に定義された〈民族〉または理論的に定義された世界的なプロレタリアート、または——私たちが今その潜在性を目にしているような——宗教的に定義された献身的民兵といったものに変えてしまう。超国家主義者や潜在的に全体主義的な運動に活気を与えるイデオロギーは、選挙された議会や法廷をとり除くことを要求し、総統の意志といったような漠然としたエネルギーをもつものをとり入れようとする。自称代理人たちによって表されるアッラーの意志は、ウサマ・ビンラディンや彼に類似する多くの者たちの自己表明の仕方なのだ。彼らのイスラム運動の野望は、西洋の世俗化する異端者たちと手を組んでムスリムの人びとを裏切った政府を打倒すること、そしてムスリムの人びとを非難し、ムスリムの神聖な場所や国を冒瀆した西洋の政府や人びとにたいして——戦闘員・非戦闘員の区別なく——聖戦を行うことである。インタヴューのなかでビンラディンが構想していたのは、献身的で堕落していないムスリムによる超国家的な統一であり、政治的な形態をもたない汎イスラム主義、イランで国民的な形態をとった聖職者による神権政治的な支配といったものでさえない汎イスラム主義であった。彼のイメージは、すべてのひたむきな兵士たちにコーランをとおして直接語りかけるアッラーのそれであり、彼らの日常のあらゆる行為を規定する——一種の「民主的な」超国家主義である。

アーレントの考えによれば、集団や政権が全体主義の方に向かっているかどうかの判断にとって鍵となる基準は、その超国家主義の種類と形態であった。たとえば、アーレントならば、スロボダン・ミロシェビッチの支配がどういうものかということを、「大セルビア」についての彼の話から測定するだろう。その言葉は、明らかに意図的にヒトラーの「大ドイツ」をモデルとしたものだった。二〇世紀半ばの全体主義的テロルの技術——「民族浄化」の方法、一般市民の大量殺戮、そして強制収容所——がセルビア人に流用されたことが何よりもはっきりと証明しているように、この支配が理想とするのは、セルビアおよび大セルビアとして要求される国々のすべての住民（とりわけムスリムの人びと）のあらゆる政治生活を破壊することだった。ミロシェビッチが手本とした二〇世紀半ばの全体主義のモデルは、国境を越えて伸張する国家、国家行政によって動かされる大陸帝国主義のモデルであり、ナチのイデオロギーによってユダヤ人たちに与えられていた強迫的な憎悪の中心という役割には、ムスリムの人びとが配置されていた。裁判においても、そして死ぬまで、ミロシェビッチはナチのやり方のまま後悔することはなかった。イデオロギーが彼に反駁不可能な超意味を与えていたからである。しかし彼の国家行政機関は、チトー元帥のもとでの低開発の年月を反映して、経済的・技術的資源に欠けており、全体主義的諸階層を比較的小規模にさえ全面的に展開することはできなかった。

ウサマ・ビンラディンたちがイデオロギー上のレトリックを供給しているテロリストのネットワークに見られるのは、国家行政機関を想定しない超国家主義である。アッラーの工作員が計画しているのは、住民を駆り集めて収容所や殺戮施設に送ることではなく、合衆国が経験したばかりの類のテロル——身を捧げる自国や「大…」をもたない人びとに開かれている領土外的なテロル——を生み出すことである。ビンラディンはときおり「イスラム国民」あるいは「ムハンマドの国民」について語るが、それは経典の解釈にもとづいた超国民である。ウサマ・ビンラディンがあらゆるインタヴューで宣言しているように、「われわれはアッラーによって報酬を与えられるだろう」というわけである。(19)

マッカーシズムの時代とヴェトナム戦争の時期にアーレントが行ったように、彼女による超国家主義の基準をアメリカに当てはめるならば、ブッシュ政権が9・11以前にも市民的自由を蝕み、教会と国家の分離をなし崩しにする内政に従事していたということに注意を向けるべきだろう。それはどちらもアーレントが輪郭を描いていた全体主義の要素であるが、彼女によれば、そのような要素じたいは一度も全体主義にならなくても多くのコンテクストのなかで存在しうる。同様に、マッカーシー時代やヴェトナム戦争の時期にアメリカで起こったように、全体主義の要素は全体主義との戦いのなかで生まれることもある。政府は、多くの解説者がいかにもアメリカ国民的な孤立主義だと誤解していた外交政策に、9・11以前にも関わっていた。こうしたことは、規定の条約や環境保護協定、そして国連の立場との協調関係からの撤退をともなっていた。

しかしこの一方的な政策をもっと正確に表すには、〈反政治的〉という言葉のほうがいいように思う。現存する同盟関係へのこうした攻撃は、アメリカの海外帝国主義を刷新し持続するための道を開くという意図をともなっていた。その帝国主義は主として実利的で、企業的な政府、あるいはよりありていに言えば企業利益による政府の買収を要求する。レーガンからブッシュ政権、そしてクリントン政権の時期にさえ膨張的な全盛期を迎えていたこの海外帝国主義こそは、ウサマ・ビンラディンがイスラムの敵と見なすものである。これは、石油のためにイスラム諸国を攻撃し、ムスリムの住民から住む場所を奪い、ムスリムのモスクを冒瀆するが、それがサウジ王家やエジプトのムバラク、インドネシアのスハルトといった堕落した政権を援助した「十字軍とユダヤ人の同盟」であるというわけだ。合衆国の首脳部とテロリストのネットワークの首脳部が分かち合っている超国家的イデオロギーの要素は、全体化する、世界的・歴史的な善悪の二元論、東洋対西洋、「文明の衝突」という二元論において思考する傾向である。こうした二元論と並んで、精神的徳対精神的堕落、あるいは自由への権威主義的な憎悪対自由への愛という二項対立がもち出されるが、いずれもどちらの側が非難をしているかによる。

ベルリンの壁の崩壊とともに到来した二〇年間は、アーレントが「国際礼譲」と呼んだ思想が力を増し、国際的な人権運動が現れた。その後、超国家主義的な熱狂へのある種の逆行が支配的になったのが、アメリカへの攻撃つまり対テロ戦争の時代が始まってからの五年にすぎない時期だった。ヨーロッパ連合、つまり『全体主義の起原』のすべての版のなかでアーレントが要求した国家連合の一つの形は、超国家主義を拒否するものであったし、今でもそうである。しかし、この逆行の時期、EU憲法の諸問題が表面化し、それらはアーレントが『革命について』のなかでつきとめた問題の国際版であることが明らかになった。その書の国家の構成に関する議論において、アーレントは、連合の中心化と統治は個々の国民国家の目的と衝突しうると書いていた。同時に、人権運動は部分的に、安全保障対策からの市民の権利の保護や、国家の認可を受けた拷問が横行する収容所をふくむ刑務所や留置所にいるテロリスト被疑者たちの権利の保護に関連する問題へと方向を変えていった。

アーレントが『全体主義の起原』で集中した第三のテーマは、彼女が「余計な人びと」と呼んだものと十九世紀の帝国主義の遺産にかかわっている。全開した全体主義、全体的テロル、そして大量殺戮への全体主義運動からの移行をあつかった『全体主義の起原』の「全体主義」の部は、政治理論家のあいだで最もよく知られた部分だろう。しかし、現在の私たちの世界状況においては、それほど知られていない「帝国主義」の部が同等に重要だとわたしは思う。この部には、ヨーロッパの外の歴史(とりわけアジアとラテンアメリカ)に関するアーレントの知識には明らかに限界があることを示す文章が多いのだが、それにもかかわらず、私たちが今(漠然と)「グローバリゼーション」と呼んでいる現象についての重要な省察に満ちている。

ヨーロッパの国民国家（とアメリカ）の十九世紀末の海外帝国主義と大陸帝国主義、二〇世紀末の帝国主義、そして植民地化をふくまない現在台頭中の帝国主義のあいだの違いは、地球の部族にとって潜在的に利益にもなりうるし危険にもなりうるグローバリゼーションを理解する鍵となる。一つだけ例をあげてみたい。

産業革命は、パナマ運河やスエズ運河の建設のような国家経営の大型プロジェクトのための政府と資本家の合同（国家資本主義）によって拍車がかかったが、その結果として起こった帝国主義時代の人の移動が果たした重要な役割に焦点を当てたことで、アーレントには先見の明があった。ヨーロッパの「余剰の住民」が「暗黒の」大陸に船で送り出され、「余計者」であるということが何を意味するのかということの最初の教訓をもたらした。というのも、輸出された「余計な」ヨーロッパ人たちは、いわば自分たちのトラウマを転移させるようなかたちで、自分たちが植民地化した人びとを余計者として扱ったからである。今日では、先進国から発展途上国へ中間管理職や技術者が送り出されているその一方で、戦争難民や経済移民が何百万も先進国へとやって来て、ヨーロッパとアメリカの人口統計を完全に変えつつある。多文化国家は、移民によって創設されたアメリカのような国さえ称揚する余地がほとんどないような仕方で、比較的均質な国民国家の時代に終止符を打ちつつある。現在の海外帝国主義者は、安定したものであるにしろ、それが欠けるにしろ、自身の新しい国家の市民である現地の人びとを政治的に支配しようという野望はもっていないが、その代わりに海外の資源と安い労働力を搾取しようと熱望している。つまり、これは企業による支配である。しかし結果として、安価な労働者たちは搾取する側の道具――テレビや電話やコンピューターなど――から、搾取者の国々ではよりよい物質的条件があるということを知り、そうした国々へ行くか、あるいは自分たちの同胞を搾取するその地の代理人になるかを強く望んでいるのだ。今やポストコロニアルの新興国家はひどく腐敗した国家資本主義の企業となり、独裁者やテロリストを生み出す土壌となっている。こうした現象の最も深刻な例は目下のところ西アフリカにある。

アーレントがはっきりと示したのは、植民地主義者が冷酷さという彼らの価値観を本国へと伝え返すように、十九世紀末の帝国主義がいかにして帝国主義者にはね返ったかということだった。しかし、私たちが理解しはじめたばかりなのは、民族集団や政治集団だけではなく子供や青年のような年齢層もふくむあらゆる種類の集団を「余計者」にしている搾取形態が、規範としていたるところでどのような結末を迎えるのかということなのだ。こうした集団は市民としての彼らの権利を奪われているのではない。彼らは最初から法的な地位をもったことなど一度もないのだ。グローバリゼーションは、政治的プロセスの教育をふくむ教育分野などでは、たしかに先端的テクノロジーがもたらす有益な特性を分配しているし、人びとを互いに接触させ、人間にたいする感覚を高めるだろう。しかしそれはまた、世界全体が、人びとを余計者として見なし、アーレントが描いたゲットー化と帝国主義的な大虐殺の技術へと通じるような――アイヒマンのような生と死への無関心をともなう――心性のなかにあるということをほのめかしてもいるのである。

2 『人間の条件』と重要である活動《アクション》

すでに述べたように、二〇世紀後半の全体主義以後の世界に存在する全体主義の諸要素について解釈しはじめたころ、アーレントはたった一つの問いを抱いていた。それは、これらの要素が国家を全体主義の方向へと導いているのか否かということだった。しかし、ソ連がスターリニズムを否定し、マッカーシズムが信用を失った後の一九五〇年代末には、彼女はもっと一般的な理解へと進んで、全体主義の諸要素はかならずしも全体主義国家へと結晶化するわけではないと考えた。そこで、この問いのなかの建設的な側面を際立たせることがこれまで以上に重要になる。自由を保存しうるのはどんな要素なのか、あるいは人びとが自由を成就するために役立つ要素とは何か、と。

彼女は政治的イデオロギーと活動《アクション》の歴史について熱心に書きはじめ、後にはとりわけアメリカ革命の歴史に焦点を当てた。ヤスパースは一九五五年に、彼と妻に「世界の広がり」をもたらしてくれるアーレントの訪問を楽しみに待っていた時、彼女の新しい口調を聞きとった。『全体主義の起原』を書いていた年月の間ずっと伝わってきていた不安や恐怖や怒りが、少なくなっていくことに彼が気づいてほどなくのことだった。彼女は答えた。「おっしゃるとおり、今回は世界の広がりをたずさえてお伺いしたいと思います。私が真に世界を愛しはじめたのはこんなに遅く、本当に近年になってからなのですから、そうできるようにしたいですね。感謝の気持ちから、わたしの政治理論の本を《世界への愛》*Amor Mundi* と名づけたいと思っています[1]」。

しかし、彼女はその本を『世界への愛』ではなく『人間の条件』と名づけた。一九五八年に公刊されたそれは、驚くべき本である。よく知られた言葉がまったく未知の定義を与えられる大胆で挑発的な、理論的用語集なのだ。そのなかでアーレントが企てたのは、「私たちの最も新しい経験とごく最近の恐怖を見わたすことのできる地点から、人間の条件を再考すること[2]」に他ならなかった。先例のないほど技術が進歩し、全体主義以後の社会的・政治的な編成をもつ世界のなかで「私たちは何を行っているのか」について考えるために、彼女が強調したのは、私たちが〈何を〉行っているのかについて〈どのように〉考えるかということ、とりわけ思考する際に私たちの思考を阻むものは何なのかということであった。私たちが全体主義以後の世界の現実を正しく理解する妨げとなっている定義の仕方や思考の方法――概念的偏見――はあるだろうか、と。アーレントがさしだす定義づけの意味――そして新しさ――は、どちらも基本的な経験をとらえ、それを定義するためにこれまで使われてきた言葉が、いかに当の経験を不明瞭にしてきたかを示している。しかし、そうしたことを把握するためにはその本を何度か読まなければならないだろう。これは、『全体主義の起原』がそうであったような、私たちが敵を確定するのに役立つような実践マニュアルではない。それは、公共のもの *res pubulica* をどのように考え評価するかということについて、それらがいったん認識されたならどのようにそれらを保護するかということについて、そしてどのように政治的な生を生きるのかということについての入門書である。その随伴的なケース・スタディ、すなわちアメリカ革命の精神と共和主義の理想を議論した『革命について』もまた、これと同じ理念に導かれている。

短いプロローグの後、アーレントは三ページを割いて、『人間の条件』という本全体にとって重要な諸定義をはっきりとうち出す。しかし、これらの定義がどこから来たのか、あるいは、人間の歴史を彼女が読みとくうえでなぜそれらが重要なのかということについては一言も述べていない。ある世界観――それは革命的なものだ――が凝縮されている数頁のなかで、彼女は三つの営為が人間にとって根本的なものだと宣言する。つまり、労働 labor、制作 work、活動 action である。それぞれが、「そのもとで地上での生が人間に与えられた」[3]普遍的で基本的な条件に対応している。(もちろん「地上で」というのはつねに基本的な人間の条件と見なされてきた。それは、地球上で生きるという条件から逃れる方法を潜在的に提供する宇宙飛行の時代になるまでは、疑われることもなかった。)

「労働の人間的条件は、生命そのものである」。つまり、人びとは、生命を維持する食物と安全という必要不可欠なものを自分自身に供給するために労働しなければならない。「制作の人間的条件は、世界性である」。自然の地球環境において、人びとは、移動式の住居であろうと、農場、集落、村落であろうと、都市国家、帝国、国民国家であろうと、そこに住まい、耕し、〈文化〉を発展させる「世界」を築かなければならない。「複数性 plurality は、人間の活動の条件である」。一人として同じ人間はいないのだから、人びとは互いに関係しなければならない。合意し、共生する方法を見つけ、違いを乗り越え、意見を交換し、自分たちがつくり出した世界のなかで関係的な政治制度を創設しなければならない。ひとはたった一人でも労働したり、あるいは制作者でありえたりするが、「活動は、他者がつねにそこにいるということにまったく依存している」。アリストテレスが言ったように、動物のなかで人間だけが独特な〈政治的動物〉*zoon politikon*、すなわち政治的な関係性をもつ生き物である。他の条件には、出生 natality と死 mortality という人間の実存の時間的な条件もふくまれる。人は生まれ、そして死なねばならない。アーレントは、活動が出生という条件と密接に結びついていると書く。なぜなら、「誕生に内在する新しい始まりが世界のなかで表出されるのは、新来者が何かを新たに始める力、すなわち活動する力をもっているからにほかならない(4)」からである。

このような定義の連なりのレンズをとおして検証される時、西洋の歴史は、三つの基本的な営為が時代ごとに異なった仕方で経験され、思索され、評価されてきた物語となる。ホメロス以後の古典時代の古代ギリシア人たちは、労働と制作をほとんどほめたたえなかったが、それは、彼らの価値づけのなかではこれらの営為はたんに必要なものを供給することにすぎないからだった。彼らの賞賛や注視の的となったのは、必要性を超えたところで進展する活動（公的な言葉や行為）であった。それは自由なものであり（つまり、必要なものを供給するために必要とされるのではなく）、労働者（奴隷もふくむ）や職人（あるいは芸術家でさえも）ではなく、自由な人びとによって行われる。ただし制作者は、活動を記憶するという文化創造的な責任を担う。そういうわけでアリストテレスは、人びとがそれぞれの生を生きる異なる仕方を考察した時、〈自由な〉者たちが――喜びを求め、活動し、思索する（最も高次な）――生き方にしか注意を向けなかった。（アーレントによれば、「最も高次で最も純粋な営み」としての思索は、すべての者に開かれてはいないという理由で、人間の根本的な条件とは見なされなかった。）[5]プラトンは、こうした自由な生き方のなかで思索だけを大切にした。そして、さまざまな営為のそのような価値づけは、西洋哲学に決定的な影響を与えた。古代ギリシアとローマの都市国家が消滅した後、活動の価値は下がり、労働や制作とならぶ必要性の領域に分類され、その結果、プラトン哲学の影響をうけたキリスト教の哲学者たちにとっては、真に自由な営為は、神を黙想する思索のみであるということになった。キリスト教の観想者たちにとって、あらゆる真理の源泉は、現世の人びとや物事の現れにではなく、超越的な神の言葉のなかにあり、それは孤独な思索的自己の部屋へと引きこもることによってのみ聴くことができるものだった。

アーレントの主張によれば、プラトン以来ずっと、観想に身を捧げる者たちは労働、制作、活動を見下し、偏見をともなう高尚な見地からこれら三つの営為すべてを誤解してきた。労働者や制作者や活動する者たちにたいする彼らの軽蔑、あるいはもっと一般的には世界にたいする蔑みは、アーレントの世界への愛とはまさしく正反対のものである。アーレントはこうした意見を何度も表明したが、『革命について』のなかのある脚注においてほど簡潔に表したことはなかった。それは、哲学を尊重した過去と、政治的行為が高く評価されるような彼女が望んだ未来とのあいだで、彼女自身がとった立場を示している。「哲学と政治のあいだの敵対は、あからさまに政治哲学によって隠蔽されてきたのだが、活動する人びとと思考する人びとが袂を分かって以来――すなわちソクラテスの死からずっと――それは、西洋の哲学的伝統であると同時に西洋の政治の災いのもととなってきた」[6]。

自分たちの世界の現実と向きあい、自分たちが何を行っているかを考えることを、思慮深い近代的な西洋人たちに――世俗主義者たちにさえ――難しくさせている決定的な精神的条件は、彼らがプラトン以来の西洋の哲学的伝統の偉大な偏見、とりわけキリスト教の貢献者たちによって支えられてきたそうした偏見の相続人であるということだ。観想的な生が活動的な生（すなわち *vita activa*）にたいして特権的になる時、活動はとりわけ信頼されないものとなる。観想者たちは、活動と言論という制御不可能で予測不可能な領域、すなわち政治的領域を、制御あるいは除去したいと思う。こうした偏見の影響のもとで、〈政治〉という言葉、アーレントにとっては公的な領域で人間が行為すること――語ったり、説得したり、特定の行為について決定したり、それを行ったりすること――を意味するその言葉は、少数の人間による他の人びとの支配を意味するものとなった。政治は統治と等しくなったのである。アーレントによれば、西洋の政治的伝統のほとんど全体にわたって、「政治の本質は支配であり、主要な政治的情熱とは支配し統治する情熱である」[7]と考えられてきた。支配者たちを打倒すると決めた大半の革命家たちでさえ、自分たちは活動のために道をあけ、いわば活動を軛から解き放っているのだ、とは想像しない。彼らは異なる種類の支配を押しつけたいだけなのだ。

人間の自由がどのように経験され保存されたかを理解しようというアーレントの努力にとって重要な論点は、政治について考えたり政治を規定したりする際には、二つの根本的な類型があるということだ。一方では、政治とは統治であり、特定の人びと（一人であろうと二人であろうと多数であろうと）による脅しや暴力の使用を必要とするような他者の支配であると考えることができる。他方では、彼女がそうしたように、語り行為する存在として集まる時に人びとがもつ、権力の組織あるいは構成として、政治を考えることができる。彼女が強調するのは、構成された政体において人びとの権力をどう保存するのかということである。つまり、〈権力は人民に〉*potestas in populo* という考え方である。

　西洋の観想的な伝統が活動にたいしていだいていた偏見を受け継いでいる者たちの大部分は、もちろん観想者ではない。アーレントの主張によれば、活動にたいする偏見は、行為者のなかでさえめずらしいものではなくなった――革命家たちのあいだですら同じである。なかでも、そうした偏見が当たり前のものとなっている政治理論に慣れ親しんでいるような革命家たちにおいては、なおさらのことである。『人間の条件』の例証としての『革命について』が探究するのは、なぜ革命家たちが自分たちをとり巻いていたり、あるいは自分たちが生み出したりした予測不可能な状況を嫌悪するのか、そしてなぜ彼らがこうした状況を――精巧に作り、制作することによって――もっと制御可能なものへ変えようとするのかということである。彼らは、自分たちが反抗した権威にかわる権威をさがし求め、労働の所産、生の必要物の分配を永続的に公平化できるようなメカニズムを求める。同時に、彼らは活動ではなく労働や制作の領域から生じる目的に、焦点を合わせるようになる。そして、そのようなピントのずれのために彼らが失うのは、革命前のフランスあるいはロシアよりもはるかに貧困や社会的不正義が少ない国に住むアメリカの革命家たちが、彼らの政体のなかで維持しようとしたものる。

——アーレントにはそれが独特なものと見えた——すなわち行為し語るという「公的幸福」なのである。

近代的知識人のあいだでは、一般的に活動への偏見をもっているのは、観想とは違った目的で世界から退去した者たちである。彼らが他者からの分離を望むのは、孤独 solitude（彼らはそれを孤立 loneliness と等しいものと見なすかもしれない）においてではなく、自分で決めたり、流行している上流階級のモードによって決定されたりしている、ある種の個人や集団の卓越性（極端な個人主義あるいはエリート主義）においてである。すでに述べたように、若いころのアーレントは、ロマン派たちが自分自身を造型し、自分自身を芸術作品に仕上げることに夢中になっていたことにたいして、猛烈に批判的であった。会話のなかでも、アーレントは精神分析に凝っている人たちにたいして同様に批判的であった。彼女は精神分析もまた、他人の手をかりて自己を巧みに作り上げることと見なしていたからだ（わたしはそれを間違いだと思う）。もし今日彼女が生きていたなら、彼女の批判は、承認や見返りや名声を要求しながら他者に自己イメージを押しつける人たちに向けられていただろう。彼女が恐れていたのは、自己への専心はいかなるかたちであれ、たとえ最初は世界疎外 world-alienation から生じたものでなくても、彼女が世界疎外とよぶ世界を軽視する態度 *contemptus mundi* の現代版に通じるということだった。そして、自己に専心し世界から疎遠となった人びとは、活動が生じる公的領域の真価を認めることができない。

アーレントはヤスパースを賞賛したが、その中心にあったのは、彼が現代の哲学者としてまったく普通ではないという彼女の判断であった。ナチズムの経験にもかかわらず、彼が公的領域にたいする信頼を失うことはなかった。「ヤスパースによる公的領域の肯定がユニークであるのは、それが哲学者からのものであり、しかも哲学者としての彼の活動全体の基底にある根本的な信念、すなわち哲学と政治は誰にでも関わるという信念から生じているからです。誰にでも関わるということは、哲学と政治が共有することであり、だからこそそれらは、人間の人格 person と自分を示す能力とが重要になる公的領域に属しているのです。哲学者は――科学者とは対照的に――、自分の意見に申し開きをしなければなりません。つまり責任をもつと見なされるのです。実は政治家は彼自身の国民にたいしてのみ責任があるという比較的運のいい立場にあります。他方、ヤスパースはといえば、少なくとも一九三三年以後の著作すべてにおいて、全人類の前で責任を負うかのように書いてきました(8)」。

ヤスパースという例を念頭に置きながらアーレントが提示した活動の哲学的分析は、通常の哲学的偏見なしにそれを示しうると彼女が考えたものだった。彼女は、ヤスパースと同じところから始めた。そこにあった考えは、活動はあらゆる人びとに開かれ、あらゆる多様性と複数性のなかにあるということだった。活動は（多くの状況では勇気を必要とするけれども）特別な才能を必要とはしない。なぜなら、それは誕生という人間の条件、生まれるという存在論的な条件から生じる（「そこに存在論的に根ざしている」）からである。つまり、活動は創始であり、その予想しがたいこと、あるいは新しさ、その予測不可能性によって特徴づけられる。活動は、はじまりあるいは創始として、ある人物が〈誰〉who であるか――この〈誰〉は他のどの人物とも違っているが、すべての人物、潜在的には全人類に関係する――を明らかにする。

活動する人は、自己を露わにする。もっと具体的に言えば、行いや語り（つまり行為すること）が遂行される時の相手であり目的であるような他者との関係のなかで、自らを開示するのである。「われわれはこれらの真理を自明のものと見なす……」と書きつけ宣言するアメリカ建国の父たちは、アーレントの用語では模範的な行為者 actor であるかもしれない。つまり、活動は、繰り返されることで習慣となるような行動 behavior とはまったく異なる。行動が表しているのは、人びとが〈何〉what になったかということであって、機会に応じて立ち上がることを人びとに余儀なくさせるような活動の遂行のなかで、彼らが〈誰〉になりうるかということではない。アーレントの考えによれば、行動は道徳的基準によって正しいか正しくないか判断される。しかし、活動が判断されるのは、その動機や目的についてではなく、ただその遂行についてであり、活動を判断するための唯一の基準は偉大さ greatness である。(9)（アーレントは『人間の条件』のなかで、偉大さは活動を判断する基準であると述べたが、善い活動と悪い活動があるのか、善い偉大さと悪い偉大さがあるのかどうかといった、明らかに政治的で道徳的な問いにとり組むことはなかった。しかし、彼女は『精神の生活』においてその問題に戻った。）

活動はまた、死すべき運命 mortality とも密接に結びついている。人間は、作品が不朽 immortal であることを望んで制作を行い、その際に死すべき運命の不可避性に立ち向かう。しかし、芸術家や物語作者が提示し世代から世代へ手わたす人間の行いや言葉は、まさしくその死すべき運命に立ち向かっているのだ。活動において人びとは、栄光あるいは栄誉、「不死の名声」を得るのである。

活動についての節のなかで、アーレントは、活動が行為者にとって何を意味し、何を為すのかを叙述した。活動は、彼らが〈誰〉であるかを明らかにするのであり、そのように露わになる行為者として、彼らは物語の主題となる。しかし、彼女が注意を払ったのは、活動が人間にひき起こす挫折や危険性にたいしてであった。なぜなら、活動の惨状（「人間事象のもろさ」）こそが、西洋の伝統をとおして思索者やしばしば行為者をも同様に活動に敵対させ、さまざまに活動を排除したり制御したりさせてきたからである。活動の最大の危険性は、それが制御不可能であり、止めることも予測することもできないような結果をともなうということである。おもな挫折は、制作の産物である製作物と違って、活動はそれが展開しているあいだは言葉で名づけたり把握したりできないということである。名づけられ理解可能となるのは、それらが終わってから、多くは終わってしばらくたってからである。たとえば、彼女の意見では、第一次世界大戦後の三〇年間、山ほどの書物が出たにもかかわらず「その出来事の内なる真実を照らし出す」作品は現れなかった。しかし、「悲劇的効果」をともなうウィリアム・フォークナーの小説『寓話』*A Fable* は、読者が「この戦争のようなことがそもそも起こりえたのだという事実をうけ入れ」、そのリアリティと向きあう手助けとなることができた。(10)

活動のこうした挫折は、別の角度からも述べることができる。活動は制作過程がもっているような仕方でその結果をもつことはない。ある行為者の活動は他の人びとの活動の網の目の一部となり、しかもそのような網の目は、けっして静止したり固定したりせず、行為者が舞台を去るまで全体として理解したり見たりすることはできない。人間は、自分たちの活動が自身や他の人びとにたいしてひき起こす帰結が分からないという意味において、行為する時「自分たちが為していることを知らない」。アーレントは悲劇というジャンル（演劇であろうと小説であろうと）をとりわけ解明的であると見なした。悲劇は「認識の過程」a process of recognition を表しているからだ。「悲劇の主人公は、受難というかたちで、為されてきたことをもう一度経験し直すことによって事態を把握していく。そしてこの〈苦難〉*pathos* において、過去を再び被ることにおいて、個々の行為のつながりが一つの出来事という意味のあるまとまりへと転換される」。しかし、物語ることについての彼女の論点はもっと普遍的なものでもあった。「活動に特有の他の要素とは異なり――とりわけ前もって定められた目標や強制的な動機や導きとなる原理など、活動の過程のなかで可視化するものとは異なり――、行われた行為の意味は、活動そのものが終わって語ることのできる物語となってはじめて明らかになる」[11]。

人びとが活動することをあたかも一種の制作行為のように想定し、そのストーリーを前もって決めようとする時、彼らは、達成されるべき目的やそうした目的のための手段というヴィジョンに支配されている。彼らは活動を制作の言葉で概念化し、「卵を割らなければオムレツを作ることができない」とか「目的は手段を正当化する」などの極り文句によって自分たちの行いを合理化する。『革命について』のなかでアーレントが先見の明をもって記したように、近代世界では、マルクスにしたがう革命家たちも、革命を阻止することに身を捧げる反革命家たちも、のみで彫ることが石像彫刻作品に必要なように、暴力は政治に〈必要〉であると見なした。そしてこれは、彼らが活動を一種の制作と考え、「歴史を作ること」だと考えているからである。活動は制作とは違って予測不可能なのだから、それが必要とするのは、結果を達成するための技能でも、力でも、あるいは暴力の使用でもなく、未知のものに直面する勇気である。活動はリスクなのだ。

アーレントによれば、活動の最初の理論家であるプラトン以前のギリシア人たちは、活動が依存しているのは、組織された、あるいは立法府によりつくり出された活動のための空間や、政治的組織や政府ではなく、言葉や行い、「多くの意志と意図の当てにならない束の間の合意」[12]を分かち合うために集まる人びとであるということを理解していた。行為者たちのこうした集まりは、アーレントが権力 power と呼んだものであり、彼女は権力を、個人の力 strength（自己充足 self-sufficiency）や手段としての暴力 violence あるいは武力 force から明確に区別していた。たいていの政治理論家、革命家、反革命家とは異なり、アーレントは権力を暴力手段の所有に依存するものとは考えなかった。それどころか、彼女によれば、人びとは権力をもたないか、あるいは権力を失った時に暴力に訴えるのである。

友人のジェローム・コーンとわたしが互いによく論じることなのだが、アーレントが行った多くの差異化は、どれも思考における革命を進んで経験するように読者に要求するが、権力と暴力の区別は、そのなかでもおそらく最も挑戦的なものだろう。[13]彼女は実際に、権力と暴力は〈正反対〉の関係にあると主張していた。彼女の議論は、ガンジーの言うような非暴力の主張ではなく、非暴力的である時にこそ最も力強いものとなる権力という主張だった。最大の軍隊や兵力、あるいは最終兵器を有している者たちこそが権力を――あるいは「超権力」さえも――もつ者であると決めつけている世界、そして権力は他の人びとを支配する能力を意味すると考えられているような世界に生きている私たちにとっては、彼女の行う区別は理解しにくいし、その含意もイメージしにくい。そして、暴力の誇示は権力を主張する方法だと信じているような人びとにとっては、彼女の行うような区別は何の意味もないだろう。このような信念を基本的前提としているのが、最近の実例をあげれば、一九九六年に公刊された「衝撃と恐怖――速やかな支配の達成」*Shock and Awe: Achieving Rapid Dominance* という合衆国政府の戦術文書、第一次湾岸戦争後に展開され、現在のアメリカの対イラク軍事作戦のために復活した青写真である。この文書は、「戦闘前、戦闘中、あるいは戦闘後における抵抗への意志」を破壊し、「無力感」を生み出すために暴力を使用するならば（「衝撃と恐怖」）、敵は崩壊するだろうと主張する。(14) しかし、何年にもわたるヴェトナム爆撃の例や、あるいはアフガニスタンとイラクへの爆撃というもっと新しい事例は、眼識ある者になら誰にでも教えたはずである。広島のような惨事を経験することは問題外として、爆撃された国の（とりわけ先制攻撃された国の）人びとは退却してもさらなる活動のために再編成され、権力を発生させるということを。無力感ではなく、抵抗において他の人びとと結束する意志――権力の強化 empowerment――が、彼らを駆り立てるだろう。

すでに暴力に訴えられている時、つまり現在の技術的条件のもとで優位な暴力手段をもつ者たちが〈勝つ〉という戦争状態においては、権力と暴力の区別は、とりわけ見きわめがたい。そのような〈勝利〉は、なおさらに暴力は権力なのだと人びとに信じこませる。しかし、現在の状況でそのような勝利が本当に意味しているのは、勝者は権力の欠如から暴力に訴えたのだということ、敵に対処する非暴力的方法——結束した同盟国を揃えることによって、敵陣営のなかの反対者にアピールすることによって、外交や世界の世論への影響によって、国際法廷に犯罪者をつき出すことによってなど——を見つける意志や能力がなかったということである。さらに、敗北した集団が再編成されるならば、軍事的勝利は、平和がさらなる戦争の前兆とならないことを保証しない。したがって、「無条件降伏」という二〇世紀の発明品は、不可能なものを製造する野望だった——それは、戦闘員を拘束する際の相互の約束あるいは条約という非暴力的な活動なしに、戦争を最終的に終結しようということだったのだから。アーレントの言い方では、最も耐久力のありそうな権力、行為者の人間性を最もよく保存しうる権力は、非暴力的な活動から生じる権力である。というのも、非暴力的な活動は言論を必要とするからだ。非暴力的な活動には、それに続く議論や礼儀をわきまえた意見の交換がともない、そしてそれらの意見は権力を刷新する手段となる。「結束や約束、連合や契約は、権力を存続させておく手段である(15)」。

アーレントは人びとの権力を信頼していた。それは、協力して活動し、共通の善のために結束することから生じる「公的幸福」public happiness を、人びとが根本的に欲求するものだという信念にもとづいている。西洋の政治哲学者のなかで、最も明確にこれと正反対の信念をもっていたのが、『リヴァイアサン』の著者で、「万人の万人にたいする戦争」という人間の条件についてのフレーズがいつも引き合いに出されるイングランド人のトマス・ホッブズである。ホッブズの本は一六五一年に公刊されて以来、あらゆる時代に信奉者を見いだしてきたが、最近の支持者のなかには、図書館で人生を過ごすわけではない人たちが大勢いる。ワシントンの新保守主義者《ネオコン》のなかのある重要人物は、レオ・シュトラウスの指導のもとに『リヴァイアサン』を読んだ。シュトラウスは、アーレントと同時代の亡命者で、シカゴ大学での年月のあいだに、『ホッブズの哲学』*Philosophy of Thomas Hobbes*（一九三六年）や、プラトンの哲人王についての著作を賞賛する、後の数多くの研究をもとにして、保守主義的なプログラムを展開し、それを現代世界に不可欠なものと見なした。(16)（シュトラウスの弟子の一人であるブッシュ政権内のポール・ウォルフォウィッツは、シカゴを拠点とする小説家ソール・ベローの作品『ラベルスタイン』*Ravelstein* のなかで、タカ派の「レオコン」〔レオ・シュトラウス派の新保守主義者をさす〕という姿で登場している）。

シュトラウスは、現代世界の頽廃と無作法を猛烈に批判し、こうした病を治療する君主的哲学者たちエリートの後援者となることに専念したが、彼自身のそうした考えと一致する哲学者像を、つまり、人びとへの信頼と活動への希望をまったくもたない人間を、ホッブズのなかに見いだしていた。ホッブズが推論の起点とする前提は、暴力という観点から見るとすべての人間は恐ろしいほど平等である、ということであった。というのも、「最も弱い者でも、秘密のたくらみによって、あるいは彼自身と同じ危険にさらされている他の人びととの共謀によって、最も強い者を殺すほどの強さをもつ」からである。「持続的な恐怖と暴力による死の危険」のなかに生きているために、自然状態にある人びとは、「仲間をつくることに喜びではなく、逆に大きな悲嘆を感じる」(17)。それゆえにホッブズは、主権国家こそが彼らを恐怖から解放しなければならないと結論づけた。シュトラウスはこの論理に、国家は安全保障の部門においては――プラトン流の「高貴な嘘」の伝で――人びとにたいして嘘をつくことも必要だとつけ加えた。

ホッブズは、他の人びとと交わるという欲求ではなく暴力的な死への恐怖が、人間の基本的な動機であると考えた。そうした想定のもとに、潜在的な陰謀家や革命家、あるいは誰であれとにかく共同で行為する人びとにたいする統制的支配を強化しようとするような国家を構想した。ホッブズのリヴァイアサン、すなわち彼のコモンウェルスは、臣民たちを「威嚇する」ような「人工の人間」artificial man であり、「可死的な神」mortal God であった。臣民たちは、他国との戦争の場合には、いかなる手段をとっても自分たちの個々の生命を保存するという「自然の」権利以外の、すべての権利を国家に没収される。ホッブズが「混合統治」mixed government あるいは「意見の多様性」と呼んだもの――これこそアーレントが権力を生み出すと信じたものだが――は、主として経済的な私的利害を追求させてくれるような安定した状態の実現を国家に望む人たちによって作られた人工物、リヴァイアサンの、「絶対権力」を弱めることにしかならなかった。ホッブズのコモンウェルスの「絶対的な」、あるいは「主権的な」権力は、正義と法はこの権力の命令によって定められたということを意味する。容赦のない論理を手に、ホッブズは、リヴァイアサンは暴政 tyranny であるという事実にたじろがない。なぜなら、「暴政は、主権という名前以上のものでも以下でもないからである」。ホッブズの主権国家の唯一のマイナス面は、国家による保護とひきかえに自由を譲り渡した人びとが、国家の自衛を支えなければならないということである。彼らは息子たちを軍隊に送らなければならない。というのも、リヴァイアサンは、「永続的な戦争という状態のなかでは、戦闘の一歩手前で存続し、国境は武装し、大砲は周囲の近隣国に向けて備えられている」からだ。(18) しかし、ホッブズの考えによれば、永続的な戦争は、国内の安全――今であれば「自国の安全」と呼ばれるだろう――のために払われる価値のある犠牲であった。

思うに、永続的な国家的暴力、あるいはホッブズが国家権力と呼んだものを正当化するあらゆる論理（イデオロギー的で全体主義的なものもふくめて）の背後には、結局のところホッブズに見られるような冷酷で厭世的な価値観がある。そこでは、権力と暴力が完全に融合してしまっている。そのような思想では、リヴァイアサンが衝撃と恐怖を与えようとするのは、ホッブズが自明の前提としてうけ入れた永続的戦争のなかでの外部の敵にたいしてだけではない。リヴァイアサンは、自国のすべての市民を恐怖のただ中に置き、その権力と暴力にさらし続けるのである。市民たちはそのリヴァイアサンを「地上で最強の国家」と見なす。もし、混合統治である共和国がこのような構想を採用するならば、共和国は主権によって正当化された暴政へと進むだろう。アーレントの見解からすれば、政府の役人によるこうした構想が支持されることほど、共和国の危機をはっきりと示している事態はなかった――つまり、ワシントンのシュトラウス派の新保守主義者のあいだで現在こうした構想が支持されていることは、軽視できるような事柄ではないのだ。マッカーシズムの時代の元共産主義シンパだったとするイデオローグですら、これほどあからさまに、意見の相違をおし殺し、敵との永遠の戦争を行うことを正当化したりはしなかった。

活動が脅かされるのは、権力と暴力を混同した人びとが、活動が権力を生み出すあり方や、さまざまな統治形態を通じての主権の主張を理解しない時である。しかし、アーレントはまた、全体主義以後の現代の状況から見ると、「意見の多様性」と活動にたいする特定の伝統的な偏見を反映した特定の統治形態は、活動に一つの脅威を与えたものにすぎなかったと考えていた。いまや社会そのものが、非人格化された様態になり、機械化・商品化され、社会的順応主義と無思考性を助長するようになったために、それと同じだけの脅威を与えている。彼女は、一九五四年の講演のなかで活動にたいする彼女の二重の関心を明確にした。「今日、世界の中心的な問題は、大衆社会の政治的組織化と、技術力の政治的統合である(19)」。

技術の政治的統合に関するアーレントの考察については、後でまた述べようと思うが、ここでは、彼女の関心が活動にとって意味していたものの一例をあげておきたい。彼女によれば、現代的な闘争の場においては誰が行為者であるかを明らかにすることはできず、いかなる行いも偉大であるとは判断されない。それらは、殺す者がいれば殺される者もいるといった、無言のロボットの遭遇のようなものだ。完全爆撃と核爆撃は、同様の非人格化現象の全体主義的段階である。その展開は、明らかに全体主義の遺産として残ったものであり、もっと最近では、もっぱら非国家的なテロリスト集団による脅威と実践として流用されてきた。自爆戦士たちは、彼女の言葉で言えば、いかなるタイプの近代的兵士よりも徹底して〈誰〉であるかを明らかにしない者たちである。自爆戦士たちは、自分と他の人びとを破壊することをプログラミングされた、完全な暴力の道具——爆弾——である。そのような人たちは、小型無人飛行機に似た、まったく非人格化されて国家に使われる、衝撃と恐怖の爆撃手なのだ。

わたしが要約した活動の特徴は、約束と許しを行うことについてアーレントが言わなければならなかったことを理解する鍵となる。それらは、活動一般にともなう不確かさとリスクをもっとも深く語りかける二つの活動の形態である——そして、抑圧的な性格をもつホッブズのリヴァイアサンにたいする最強の対抗である。わたしの知るかぎり、約束すること promising と許すこと forgiving を考察した、活動についての議論の最後の簡潔で濃密な数頁のなかで、アーレントは、全体主義以後の世界のなかで、政治生活のこの二つの領域が、哲学的にだけではなく政治的な意味においても、活動においていかに再評価されるか、ということを予期していた。そして、彼女のこうした予想こそは、活動についての彼女の理解が今私たちに提供しうるものは何かと問う時に詳しく検討すべき重要な点であるとも思う。許しと約束をテーマとするフォーラムは、双方ともこれまでになかった仕方で、協議会や集会において現れてきた。

ここでもまた、彼女は定義から始める。許しとは、行われ語られた行為や言葉をとり消す——くつがえす——人間的な能力である。あるいは、別の言い方を引用するなら、許しは「活動から生じた避けがたい損傷にたいする必要な矯正策」である。許しは、活動そのものの可能性として、活動における「不可逆性という困難」、すなわち「自分が何を行っているかを知らなかった、そして知りえなかったにもかかわらず、行ったことをとり消すことはできない」[20]という困難に立ち向かう活動から生じる。許しは過去の無数の出来事にとり組むのだが、その一方で、約束（あるいは契約や協定）を行い、それを守るという人間の能力は、活動の予測不可能性という問題にとり組み、そこである程度の保証をもたらすのである。

アーレントは、自分が言う意味での活動には入らないという理由で、多くの現象を考察から除外した。そのことを理解できない読者たちは、許しという活動をめぐる彼女の省察にとまどうことだろう。たとえば、アーレントにとっての許しは、行動とは関係がない。行動とは、偉大さという基準によってではなく、正しいか間違っているかという道徳的なルールや基準によって判断されるような、反復性の日常的なものなのであるが、それとは関係がないというのである。行いを間違っていると判断することは、許しへの第一歩ではない。むしろアーレントの見方では、人は行いを許すのではまったくなく、行為者を、その人物を許すのである。ある人物が他の人物に向かって口にするのは、（法廷での場合のように）「この行いは間違っている」ということではなく、「〈あなたは〉わたしを傷つけた」、あるいは「〈あなたは〉あなたの行いによってこれらの人びとを傷つけた」ということである。許しは、行われたことに直接に関わるのでもないし、たいていの許しの議論が焦点を当てている道徳的領域に属しているのでもない。アーレントの概念においては、許しは活動として、あるタイプの関係であり、複数性という人間の条件の表現である。

別の点から見ても、許しは、伝統的に——つまりプラトン流に——考えられた道徳領域に属するものではない。哲学的伝統は、活動にあれほど敵意を抱いているわけだが、そこでの道徳とは、秩序ある支配者や支配集団から生じて世界へと出てくるものだと考えられている。哲人王というプラトンの構想もまた、支配者は自分自身を支配する、したがって彼は他の人びとをも支配する、といった、政治的支配を自己への支配によって正当化されるようなものと考えようとすることでもある。こうした考え方をする人たちにとっては、秩序ある公的領域とは、道徳的に正しい芸術品である人物がいわば外面的に投射されたものである。しかし、許し約束する能力のためには、まったく異なった一連の指導原理が必要とされる。なぜなら、活動の領域は複数性の領域であり、自己の内部ではなく他の人びととの経験が、許すことと約束することのための道徳的環境を決定するからだ。他の人びととの関係を基礎としてこそ、自己は、「わたしとわたし自身」とのあいだの内的な許し約束する関係をもつことができるようになる。

プラトン的な道徳規範は自己から出て外側の他者へと向かうが、他方、アーレントが述べるように、「人が自分自身を許し、自分自身にのみかかわる約束を守る程度とその仕方は、その人がどの程度許され、どのような仕方で約束されているかによって決まる」(21)。自分自身を許すことは、許しがその本来の領域である人びとのあいだで機能する仕方を前提としている。ある箇所では、アーレントは自分自身を許すことは不可能であるとまで述べている。それは、許しはあなたが誰であるかを他の人が見ることを必要とするが、あなたは自分が誰であるかを見ることはできないから、という理由からである。(ちなみにこれは、非常に精神分析的な考えである。)

さらに、最も重要なことだが、アーレントの許しの概念は、「究極の犯罪と意図的な悪」と彼女が呼んだものには、すなわち、まさしく許しについての今日の理論家のほとんどすべての者にとって最も挑戦的だと考えられている(わたしはそれを正当なことだと思う)あの人間の行いには関係しない。アーレントは、許すことが可能な語りや行いを表すためにはむしろ「過ちを犯す」trespassという言葉を選んだ。というのも、この動詞は、罪を犯すとか意図して害悪を為すことではなく、弓矢が的をはずすような、「目的を逸する」、あるいは道を間違えるという意味の古典ギリシア語であり、新約聖書のギリシア語の〈*hamartanein*〉を翻訳した言葉であるからだ。道を間違える者、すなわち過ちを犯す者は、アーレントが新約聖書のギリシア語の名詞〈*skandalon*〉を翻訳するために使っている、「つまずき」offencesを故意に犯す者とは異なる。[22]

「過ちを犯す」というこの聖書の動詞は、許しについてのアーレントの省察を考える際に心にとめるべき重要な事柄へと私たちを誘い出す。活動を概念化する際に彼女の試金石となったのは、活動を高く評価していた、プラトン以前のギリシアの詩人や歴史家や劇作家たちであった。ところが、許しについて省察するための彼女の試金石は、言葉と行いが疑いをもたれ、無世界性が濃厚となった歴史的時期に生きた思想家、ナザレのイエスの言葉をおさめた福音書であった。一般的に活動を定義している部分では、活動の栄光というギリシアの経験に多くを負っているにもかかわらず、「許しの力」に関する彼女の叙述は、実際に、活動の危険と災難を深く認識していた思想家であったイエスに概念化の多くを負っている。

ヨーロッパの伝統がアーレントに何を提供しているのか、それは私たちに何を提供するはずなのかをより具体的に考えるためには、ホメロスの『イリアス』の末尾の美しい場面を思い起こしてもいいだろう。トロイアの王プリアモスは、打ち負かされた息子ヘクトールの遺体を戻してもらうことを頼むために、アキレウスの陣屋を訪れなければならない。アキレウスはその遺体を一日中自分の戦車の後ろに引きずりまわして辱めていたのであった——戦争のルールにたいする恐るべき違反である。老いたトロイアの王とアカイアの若き戦士のなかで最も誉高い者は互いに賞賛しあう。自分自身の父を思い出して心打たれたアキレウスは、気を和らげてプリアモスをもてなす。ヘクトールの遺体を辱めたことへの許しは求められることも与えられることもない。詩は絶妙の静寂と均衡をもって終わるが、それを聞いていたギリシア人は皆——私たち現代の読者と同様に——その次にはアキレウスが戦闘に戻り、死ぬ前に、トロイアを略奪する計画に手を貸すということを知っていた。トロイアではプリアモスもヘクトールの息子とともに死に、未亡人となった彼の妻は捕われ奴隷となる。静寂の瞬間は逆転の力をもたなかったのだ。

『人間の条件』のなかでアーレントは、イエスは宗教的指導者として語ったけれども、彼の思考は根本的な人間の経験と結びついていたために、政治的であり、大きな政治的意味をもっていた、と書きとめている。アーレントの主張によれば、許しというイエスの概念は、ローマの公的権威に挑む「小さな結束した共同体」の経験を反映しており、本来的には政治的であった。それは、神によって許されることを願う前に、許しは人びとのあいだで実践されなければならないとイエスが教えた事実によって、裏づけられている。許しが必要である理由は、人びとが「自分たちが何を行っているかを知らないということである。すなわち、日常の行いは許し、あるいは解消を必要とする。知らずに行ったことから人びとを絶えず解き放つことによって、生き続けることを可能にするために」。後で見るように、この〈解き放つ〉releasing という言葉は、〈とり消す〉undoing とか〈くつがえす〉reversing という言葉よりも彼女の目的にずっと適している。というのも、〈解き放つ〉というこの言葉は、行いが何らかのかたちで忘れられたり消滅したりするというような意味合いをもたないからである。〈解き放つ〉こととは、続けるために過去に縛られないということ、つき放すということである。「こうして自分たちが行うことから絶えず相互に解放されることをとおしてのみ、人間たちは自由な行為者であることができる。考えを変えて再び始めることが常に進んで為されることによってのみ、何か新しいことを始めるに足る偉大な力を信頼することができる」[23]。ここでの強調点は、〈相互の〉解放にある。

他方で、人びとが〈知りながら〉悪を行い、罪を犯す時、彼らは他の人びとではなく神によって、許しではなく応報が与えられる最後の審判において扱われる。ルカ書の十七章一〜五節で、イエスは地上の許しが不可能なつまずき *skandalon* について語る。許すことのできないつまずきを犯す者にたいしては、「首に石臼をしばりつけて、海に投げ込んだほうがよい」。

これらのくだりで明らかになると思われるのだが、アーレントの考えによれば、イエスが許しがたいつまずきを犯す者と見なしたのは、(「歴史を作る」制作者のように) 行為が何をもたらすか知っている者、さらには、害悪を行う自覚的な意図——たとえば殺人の自覚的な意図——をもって、知りつつ行為する者のことであった。知りながらつまずきを犯した者 (たとえば殺人者) はけっして許されるべきではないと彼女自身が考えていたのか、あるいは犯罪者が神の裁きや方法にゆだねられるべきなのかは、彼女の行論のなかでは明らかではない。はっきりしているのは、彼女が〈許される〉〈許されない〉という言葉を使ったのは、つまずきを犯す者についてではなく、ただ活動する者についてだけだということである。活動に関しては、彼女がもちいた用語は〈罰することが可能な〉と〈罰することが不可能な〉だった。活動の不可逆性と無限性を中断し、そこから離れるための許しに代わる唯一の選択肢は、罰であり、それはこの観点から言えば復讐をすることとは大いに異なる、と彼女は書いている。復讐とは、最初の過ちやつまずきを繰り返すことであり、損害や災難の循環を永続させることであり、いかなる仕方でも当事者たちをその循環から解放することはない。

罰についての短い議論のなかでアーレントは、過ちを犯す者とつまずきを犯す者の違いには戻らない。彼女は、彼女の定義における過ちを犯す者は罰することが可能で、つまずきを犯す者はそうではないのかどうか、という問題を考察していない。もし、つまずきを犯した者は罰することが不可能だというふうに彼女が主張していたとすれば、彼女はたいていの近代的な法規範と衝突することになっただろう。近代的な法規範では、前もって計画した犯罪にたいする罰がちゃんと提示されているわけで、たんに過ちを犯した者のみが刑務所の住人ではないのだから。アーレントは系統立てて記述する際にもそうした問題には目を向けなかったが、それは、「人は罰することができないものを許すことができず、許すことができないことが分かったものを罰することができないということは、人間事象の領域における構造的な要素である」という一般的な定式を得ようとして、彼女が急いでいたからだとわたしは思う。この定式を見れば、彼女が実際に念頭に置いていたのは、人類にたいする全体主義的犯罪であって、殺人のような犯罪ではなかったことは明らかである。というのも彼女はその定式を繰り返し論じているからだ。罰することの不可能性と許すことの不可能性はともに、「カント以来われわれが《根源悪》と呼んでいるあの犯罪の真の特徴である。その本性については、公的場面におけるそれらの稀有な爆発［すなわち、ナチの犯罪］の一つにさらされたわれわれにさえ、ほとんど知られていない。われわれが知っているのは、そのような犯罪は罰することも許すこともできないということ、つまり、そのような犯罪は、人間の事柄の領域と人間の潜在力の限界を超えてしまっているのだということだけである。こうした領域や潜在力は、そうした犯罪が出現した時には、いつも根本から破壊されてしまう(24)」。

アイヒマンに関する彼女の本よりも前に書かれたこれらの記述は、根源悪の許しが不可能であると断言してはいるが、（許すことも罰することも可能な）過ちを犯した者でも、（許すことも罰することも不可能な）根源悪を為した者でもない行為者——つまずきを犯した者——には踏み込んで考察していない。さらには、もしそういうものがあるとすればだが、許される者は許しに値するためにどのような条件を満たさなければならないのかということにも踏み込まない。これに関連して、アーレントは、ルカ書十七章四節を引用している。「そしてもし彼が汝に反して一日に七回過ちを犯し、一日七回汝のもとに引き返して、悔い改めますと言うならば、彼を許しなさい」。この箇所で「悔い改める」と翻訳されている動詞は *metanoein* であり、それは文字通り「心を変える」という意味をもっている。つまり、許されるべき者は、この心の変化や悔恨を表明しなければならない。しかし、改心することが許しに値するのは、あやまちを犯したものに関してのみだと考えるのか、それともつまずきを犯した者でも改心しさえすれば、同様に許しに値するのかについて、アーレントは語っていない。これこそはまさしく、アーレントの死から二〇年後に南アフリカで主唱された現代の政治的な革新、すなわち真実和解委員会において探究された挑戦的な領域である。

そして、いかにも暗示的なことに、イエスにしても注釈するアーレントにしても、ある人物に許しへの資格を与える改心の内容について、それ以上何も述べていない。改心とは、何を行っているのかを知らない状態から、自分が何を行ったかを知っている状態への変容ということなのだろうか。あるいは、行いがどのような帰結をもたらすか知らなかった者が、結果を知ることができ、自分の行為を後悔するようになるということだろうか。それとも、改心には、ひき起こされた加害への洞察と、害悪をうけた者への感情移入が必要なのだろうか。逆向きの行い、つまり償いの申し出や、あるいは何らかの形の罰を受容する申し出を必要とするのだろうか。加害行為を二度としないと約束することを、必然的にともなうだろうか。わたしがこうした問いを立てるのは、許しへの資格を決定する基準があるとか、あるべきだとかいう考えがあってのことではない。そうではなく、ある者を許すべきかどうか、ある者が許されるかどうかを決めようとする時、通常人びとが期待するのは、その人物が悔悛の情を示したり、(許されるべき人物が死んでしまってもはや悔悛を示すことができないのでなければ)その悔悛には何がふくまれるべきかを(多かれ少なかれはっきりと)理解したりするということである。許す側の者も、心にある種の変化を得て、最初にいだいた復讐への欲望と許しへの拒絶感を放棄するということがよくある。たいていこの類の問いかけをすることが、許す側の人間の心の変化と、許そうという判断に達するプロセスの一部に属している。

過ちを犯した者の改心とは何かということについて、イエスは何ひとつ定式的なことを語っていない(よく知られた帰郷した放蕩息子のたとえ話もふくめて)。だからこそそこから、告解や罪の赦しabsolution、そして共同体への復帰という祭式が、キリスト教やその教会のなかで発展してきたのではないかと、わたしは思う。これらは、条件つきの許しの儀式であり、罪の告白と罰への服従を要求している。悔悛には罪の赦しが、罪の赦しには罪の償いが続く。無条件の許しは非常に稀であり、それはおそらく、帰郷した放蕩息子のたとえ話のなかで父が示した無条件の愛くらいのものである。「彼は見失われ、また見つけられた」は、父の語る許しのすべてである。しかし、悔悛しない犯罪者でも許されうると感じる人びともいた。それは、許しによって平和、和解というより高い社会的福利が与えられるという原理にもとづいていた。そのことを私たちは真実和解委員会の経験から学ぶことができる。

アーレントは、許しという問題についての議論のなかの一箇所でだけ、許しを与える人の心理学的条件を、悔悛して許される人の心理学的条件に関連づけて論じている。行いが許されるということに関して言えば、許されるのはその行いを為した人物であって、為された何かではない。その意味では、許すという行為もこれと同じ明白な特徴を示しているのであり、許すのは、その人なのである。こうしたことを考察してから、アーレントは、イエスが、この〈誰〉と〈何〉の区別を非常に特別なやり方で行っていたと書きとめている。イエスは次のように言う。「彼女の罪は多いが、彼女は許される。なぜなら、彼女は多く愛したからである。しかし、わずかしか許されない者は、わずかしか愛さない」。アーレントは、このなかに示されている暗黙の基準――許しは、愛を行う者であることがはっきりしている人だけに授けられるべきである（ここでは悔恨については何も語られていない）ということ――が、「愛だけが許す力をもつという一般に普及している信念」を導いたと指摘し、こうした信念は不適切だと考えた。彼女によれば、愛は「比類のない自己明示 self-revelation の力をもち、比類のない透明さで《誰》を開示する。まさしく、愛は完全に非世界的になるほどにその愛される人物が《何》であるかに関心をもたず、その人の資質や欠点にも、業績や失敗や犯罪にも無関心だからである」。しかし、愛は実に稀有なものであるのにたいして、許しは人間の活動の網の目を修復するのに、たえず必要とされるものである。そういうわけで、アーレントは、許しを支えるものとして、許す人における（そして、このことは暗に政治的環境における問題をさしているのだが）もう一つの関係的な性質を描いているのである。

ある人物が何を行ったかにかかわりなくその人をいつも進んで許すほど、完全にその人が誰であるかをうけ入れることができるのは愛だけであるから、愛だけが許すことができるのだ、ということが、キリスト教が決めこんでいるように真実であるとするならば、許しは、われわれの考察のまったく外にとどまらなければならないだろう。しかし、愛がそれ自身の狭くとざされた領域内にあるのにたいして、敬意respectは人間事象のより広い領域のなかに存在する。敬意は、アリストテレスの「政治的友愛」philia politikeと異ならない、親密さや近さを欠いたある種の「友情」である。それは、世界の空間が私たちのあいだに置く距離をともなう、その人物への配慮である。……このように、近代における敬意の喪失、あるいは賞賛するか高く評価する場合にのみ敬意が払われるといった思い込みは、公的で社会的な生活がますます非人格化されていることの、明確な徴候となっている。(25)

つまり、アーレントは結果として、(過ちを犯した者、もしくはつまずきを犯した者に関連する)無条件の許しや無条件の愛という問題を、自分の政治的考察の範囲から除外した。無条件の許しの基礎となる無条件の愛は、あまりにも稀なことであるために、政治的な意義や潜在的な重要性をもたない現象であった。敬意の真価を認めよ、という彼女の呼びかけは、きわめて重要な指摘だとわたしには思われる。しかしその一方で、無条件の許しを政治的考察から除外した彼女は、キリスト教が賞揚し信者に求める〈キリストにならいて〉*imitatio Christi*という姿勢を実践できた、あの少数の個人の影響(これが、理想なき人びとのなかに大きな悪を、理想を実現したふりをしている人びとのなかには大きな偽善をひき起こすからなのだが)を十分に認めていないとも思う。

〈キリストにならいて〉という挑戦を真剣に引き受け、それをもとに自分の人生を組織した人間が、非常に大きな政治的意味をもちうるということを、アーレントがはるかによく理解しているように見えるのは、後に、ローマ教皇ヨハネス二三世の死に際して彼女が書いた時だった。「サン・ピエトロ寺院の座にふさわしいキリスト教徒」と彼女が呼んだその人は、教会の聖職位階制がずっと阻止し、押し返そうと努めてきた革命を、カトリック教会のなかにひき起こした。(26) 彼の活動はたしかに「偉大な」と判断できるだけの価値があり、彼を人物 person として明らかにした。そして、ヨハネス二三世という範例は、彼の後継者であるポーランド生まれのヨハネ・パウロ二世にたしかに影響を与えた。ヨハネ・パウロ二世は、たしかに教会の位階制を厳格かつ保守的に支持したし、彼が考案した政策は、持続不可能な出生率と性的な伝染病によってとりわけ荒廃したカトリックの貧困層に甚大な被害をもたらしたのだが、彼は許しの提案者ではあった。個人的なレベルでは、彼は彼を暗殺しようとした者を許した。政治的により重要なのは、彼こそは、イェルサレムに赴き、ユダヤ人指導者の代表的なグループに、戦時中の教皇と教会の沈黙にたいする許しを求めたということだった。

ヨハネス二三世もヨハネ・パウロ二世も、アーレントの死後、二〇世紀末に起こった許しへの現実的な政治的関心の高まりに大きな影響を与えた。もっとも、そのどちらもダライ・ラマほど政治的活動の中心に許しを置くことはしなかった。ダライ・ラマは、人民軍が五〇年以上チベットを暴力的に占領してきた中国の人びとにたいしてさえ、寛大な気遣いを見せている。一九八九年のノーベル平和賞受賞のスピーチで、彼は、中国の人びとが彼ら自身の文化大革命によって深い打撃をうけたことを認めた。その時期、中国の政府はチベット住民の六分の一を殺害し、チベットの宗教的および文化的な遺産を破壊していたのであった。ダライ・ラマは繰り返し、中国政府に五項目の和平案を結ぼうと申し入れ、対話と交渉を呼びかけてきた――が、いまだ成果を得てはいない。

ヨハネス二三世は、彼の民主化政策によって始まった論争をとおして、傑出した思慮深さを見せていたが、アーレントがその彼について論じた時、『イェルサレムのアイヒマン』の公刊をめぐって、彼女自身の論争的試練が始まったばかりだった。すでに述べたように、そこで彼女はもう一度根源悪というテーマをとり上げたのだが、その時彼女は考えを変えていた。したがって、私たちはこの物語を、許しという文脈から再考する必要がある。

『全体主義の起原』で、アーレントはイデオロギーを論じたが、ナチの個々の動機については一度も踏み込んで考察しなかった。とはいえ彼女は、彼らには動機があったと考えていた。これらの犯罪の動機――加害を行う意図――は奥深いところに根ざしており、根源的で、理解不可能な地点まで達しているか、もしくは悪魔を引き合いに出すか、生来の殺人的攻撃性や原罪を想定するかによってしか描き出すことができないほどのものであった。裁判でアイヒマンの弁明を傍聴し、公判前の訊問調書を読んだ後で、アーレントは、彼には犯罪の動機はなく、あったのはナチ階層のなかでの自分自身の出世に関連した――それ自体は犯罪的ではない――動機だけだったと結論づけた。彼は自分が何を行っているか知らなかったわけでもなければ、害悪を行う意図があったわけでもなかった。彼は、支配的な規範と総統の意志に順応しており、自分が行っていることの意味を把握することがまったくできなかった。彼は悪魔のようだったのではなく、思考を欠いていただけであった。無思考 thoughtlessとは、（すでに書いたように）現実からの離反を反映する精神状況を表現するためにアーレントが使った言葉で、明白な事実を把握できないこと――想像力と判断力の欠如――を示していた。彼女は次のように言っている。「そのような現実離反と思考の欠如が、おそらく人間に備わっている邪悪な本能をすべて合わせたよりも大きな惨事をひき起こしうるということ――実のところそれこそはイェルサレムで得ることのできた教訓だった[27]」。アウシュヴィッツ行きの列車を定刻どおりに走らせるためには、深い根をもった悪、言いかえれば根源的な悪は必要ではなかったのだ。

アーレントは、アイヒマンの精神状況がすべてのナチの状況であるとは考えなかった（彼女はヒトラー自身やヒムラーについては沈黙を守ったが、それは、全体主義的な悪の問題を指導者の悪の問題に還元することを避けるためだった）。アイヒマンはすべての人間のなかにいる、と彼女の本について注釈した者はいたが、アーレント自身は間違いなくそう考えてはいなかった。そうした発想は、原罪説によって支えられた思想と同じくらい生得的な、ある種の否定的な連帯を想定するものだったからである。さらに、アイヒマンが基本的な動機から行為したのではなく、誰を殺す意図もなかったと法廷で主張したからといって、アーレントは彼が許しに値するとは思わなかった。アイヒマン自身は、ナチの政策が他の人びとによって犯罪と見なされていることを認めはしたが、自分は総統が命令し国の法律が要求したことを行ったにすぎないのだから、犯罪者ではないと考えた。戦後のニュルンベルク裁判でのナチと同じく、彼は良心の呵責も悔悛の情も示さなかった。

アーレントの見解では、アイヒマンにたいする許しは可能なことではなかった。彼の犯罪にたいしてはどんな罰も十分ではなかったにしろ、だからといってイェルサレムの法廷の意思表示を妨げるべきではなかった。その意思表示は、アイヒマンに死刑を宣告することによって正しく行われたとアーレントは考えていた。つまり（アーレント自身の言葉で言えば）、アイヒマンは、ユダヤ人たちや他の人びとを地上から除去するという目的をもった大量殺戮の国家政策を実行したのだから、当然ながら人類の誰も、彼と地上を分かち合いたいとは思わないだろうということである。こうした言い方で法廷の趣旨を表しながら、アーレントは、犯罪国家の代理人として犯罪行為の新たな形態を示しているアイヒマンは、人類にたいするこの新たな形態の犯罪を実行することによって、国際的な共同体の秩序全体を犯したのだ、と断言したのだった。また、アイヒマンは、地上での人間の生、人間の条件の根本的な秩序も犯したのだ、とアーレントは暗黙のうちに語っている。人間の生は多様な他者とともに地上で生きられる。その他者のすべては新しく始めることができ（この能力を奪われてはならず）、死ぬ（天寿を全うせずに除去されてはならない）。彼女が主張するように、「近代的な国家に雇われたこれらの大量殺戮者たちが起訴されなければならないのは、彼らが人類の秩序を犯したからであって、何百万という人びとを殺したからではない。これらの新しい犯罪を理解するのに何よりも有害で、それらを扱いうる国際刑法の出現に何よりも邪魔となるのは、殺人という犯罪と大量殺戮という犯罪が本質的に同じであり、それゆえに大量殺戮は《正確には新しい犯罪ではない》というありがちな幻想である。大量殺戮の特質は、それによってまったく違った秩序が破られ、まったく違った共同社会が侵害されるということにある」[28]。

ヤスパースも同じ主張をしているのだが、アーレントの見解においては、アイヒマン裁判の政治的に最も重要な次元、すなわちニュルンベルク裁判やそれに続くさまざまな戦後の裁判からそれを区別する次元とは、二〇世紀中葉の全体主義政権が世界にもたらした新しい犯罪、先例のない犯罪を適切に定義しうる「国際刑法の出現」という問題にたいしてそれが提起している挑戦的な問いであった。彼女は、人類にたいする犯罪は形を変えて、将来また出現するだろうと予想していた。核兵器のような技術的発展や大規模な環境汚染によって、さまざまな種類の国家による大量殺戮 genocide と生態系破壊 ecocide が可能になったのだ。アーレントは、アイヒマンの処刑という実例が抑止になるとは考えなかったが、かろうじて必要条件を満たすような国際刑法ができれば、大量殺戮の危険にさらされている人びとや、核や生化学による災害に脅かされている人びとを守ることができるかもしれない、とは考えていた。「人類の秩序」の侵犯に抗して人びとを守る責任を負う国際社会は、ニュルンベルクの判例を超えて法律制定へと動く必要があった――そして、現在的な視点から、人類にたいする犯罪の〈防止〉策を補強していくことが重要となるだろう。

『人間の条件』が出た一九五八年以来、許しについてのアーレントの省察は、直接的にも間接的にも大きな影響力をもってきた。そして一九八〇年代以降、とりわけ冷戦が終わり国際的な人権団体が発展するにつれて、その影響は増してきた。彼女の著作の「許しの力」という章は、新しい議論を始めることに役立った。同時にそれは、彼女が著述の対象とした全体主義以後の世界のなかですでに始まっていた議論を反映してもいた。

アーレントは、著作のなかでは政治的な許しについての同時代的な例をあげなかったが、それはおそらく、選ぶべき例が彼女の生きている間にはほとんどなかったからだろう。一九五〇年代、彼女自身の言葉は、すべての活動がそうであったように新奇なものであり、新しい始まりであった。近代の政治理論のなかで、政治の必要条件としての根本的な政治的経験としての許しについて（つまり、宗教的命令としての許しではないものについて）、踏み込んで考察した先例はなかった。同様に、歴史的人物であり政治的賢人であるナザレのイエスの思想にアプローチするという先例もなかった。彼女のようにイエスを論じるということは、イエスを黙示録と人間の罪深さにたいする神の応報の伝令者と見なしたアルベルト・シュヴァイツァーのような神学者たちによって一九五〇年代に伝えられていたイメージを、拒絶するということを意味していた。この手のイメージが、許しのない黙示録的な今日のキリスト教原理主義を支えているものである。それは、「再び生まれる」ために人びとが歩まなければならない、硬直した非常に狭い道についてのさまざまな制限をともなっている。しかしそれは、すべての人間がすでに新しい始まりである時には必要のない制限なのだ。

アーレントの省察は、許しの政治にたいする関係を明らかにした。許しは政治的な実存にとって重要であり、許される者にとっても許す者にとっても、そして彼らの関係がくりひろげられる政治的環境《ミリユー》にとっても根本的な経験である。このように、彼女の省察は理念的には、一九六〇年代初めのアメリカの市民権運動の政治的実践に応用できるような政治理論を創出することにふさわしいものであった。同じくイエスを政治的模範と見なしたマーティン・ルーサー・キングは、ガンジーを現代の直接的な政治的教師としていたが、一九六八年に暗殺されるまでの一九六〇年代の演説でずっと彼が展開していた基本的な概念の和音は、アーレントが『人間の条件』のなかで鳴らしていた和音と同じものだった。たとえば彼は次のように言っている。「許しは、行われたことを無視したり、邪悪な行為に間違ったレッテルを貼ったりすることを意味しない。そうではなく、許しが意味するのは、邪悪な行為が、もはや関係への障害ではあり続けないということである」(29)。アーレントによる許しの概念化は、政治的生活に必要な生成要素、すなわち「権力」power としての許しを概念化することである。これは、権力の欠如や、悪のための弁明や免責、あるいは許しという道を選んだ人びとがさらに犠牲になることなどと混同されてはならない。許しとは、もっと広がりのある政治的な〈和解〉と表現されることで、世界のいたるところでの政治的言説の中心的な概念となった。しかし、彼女の概念化がインパクトを与えることで始まったこの著しい変化をもたらしたのは、様々な政治的活動なのである。

非常に重要なことだが、一九七五年のアーレントの死から十五年ほどたったころ、許しについての彼女の思想とアイヒマンについての彼女の本は、歴史のなかで初めて許しを国家の指導原理とした南アフリカの真実和解委員会（ＴＲＣ）を生み出した新しい始まりや、その活動に影響を与え、そのなかに反映された。ウガンダやルワンダのような国の少数の非白人居住区や部族社会には、犯罪者と向きあい、公の場で悔悛する機会を彼らに与える集まりがあり、こうしたよりローカルなレベルでは許しはそれまでも政治的な指導原理だったとはいえ、真実和解委員会は先例のない存在であった。そして、真実和解委員会の活動が終わり、その成り行きをいくらか知ることができるようになった今、許しがどのようにして公的領域のなかへと入ってきたのかについて、ある意味でアーレントの概念化をもしのぐような物語が語られるべき時がやってきた。

アーレントが貢献した領域で、南アフリカの経験に照らして考察される必要があるのは、おもに二つあり、それらは深く関連しあっている。第一は、とりわけアーレントが過ちではなくつまずきを犯した者と呼んだ人びとにとっての、悔恨や他の許しの条件と許しとの関係である。第二は、「極端な犯罪や意志された悪」と許しとの関係である。わたしは、こうした問題を掘り下げる作業を、真実和解委員会の委員長であったデズモンド・ツツ大司教によって彼の回顧録『許しがなければ未来はない』*No Future Without Forgiveness* で論じられている、委員会の仕事の物語から始めようと思う。

このテクストに向かう際に思い出しておきたいのだが、一九八〇年代後半、南アフリカ共和国の最後の白人大統領であったＦ・Ｗ・デクラークは、アフリカ民族会議（ＡＮＣ）や他の反アパルトヘイト集団を警察によって暴力的に弾圧するための政府のキャンペーンが失敗したことを目のあたりにして、一九四八年に始まったアパルトヘイトが終わりを迎えつつあることに次第に気づくようになった。最終的に彼はアフリカ民族会議のネルソン・マンデラや他の解放闘士たちを監獄から釈放し、民主南アフリカ会議（ＣＯＤＥＳＡ）を設立した。それによって組織された選挙で、一九九四年にマンデラと彼の率いるアフリカ民族会議は政権についた。マンデラ大統領は真実和解委員会のメンバーを指名し、委員会は、五〇年近くにわたってその国を苦しめていた国家行政による暴力の循環を断ち切る方法を見つけるという責任を課された。

真実和解委員会のメンバーは、ニュルンベルク裁判やアイヒマン裁判が、彼らの仕事にとって模範とはなりえないことをはっきりと理解していた。なぜなら、ツツが書いているように、真実和解委員会は「正義、説明責任、安定性、平和、そして和解という諸要求のバランスをとらなければ(30)」ならなかったからだ。ニュルンベルクでは和解は何の役割も果たさなかったが、南アフリカでは必要なものと考えられた。ナチの指導者は、多数派集団のなかでまだ生き残っていた同胞たちによってではなく、非ドイツ人である連合国側の勝者によって裁かれたのである。アパルトヘイト、つまり「隔離」は、非白人の人びとを除去するような国家政策、すなわち最終解決ではなかった。それは、すべての非白人の人びとから市民権を奪い、彼らを白人のためだけに指定された地域から移動させる、原《プロト》全体主義的な国家政策であった。その政策は、非白人たちの教育や経済的発展に関するさまざまな種類の差別的な制約にまで及んでいたのである。結果としてそれは、一種の奴隷化、つまり他の手段による奴隷貿易の継続であった。

シャープヴィルの大虐殺として知られるようになった、一九六〇年の非武装非暴力の反対者たちにたいする警察の暴力行為の後、警察暴力を支えるための法律の制定が始まった。(それによって警察は大虐殺にたいしていかなる責任も免除された。)ドイツの場合と違って、警察による殺人と拷問は通常、指定された遠隔施設のなかで、あるいは国境を越えた襲撃の最中に起こり、攻撃は、反アパルトヘイト運動の指導者たちに向けられていた。その目的は、非白人の指導者たちを殺し、彼らを政治生活から排除することによって、非白人たちにたいする絶対的な支配を確立することにあった。それは、二〇世紀中葉に全面展開した全体主義政権の場合のように、政治生活をすべて破壊することを目的とはしていなかった。アパルトヘイトが終わった時、黒人の解放闘士たちや彼らの盟友が直面した課題は、自分たちをあれほど苛酷に虐待した人びとと共に同じ社会で生きていく方法を見つけるということだったが、彼らはまた、反アパルトヘイト勢力の犯罪的な活動にたいしても対処しなければならなかった。その活動は、政府が彼らを締めつけるほど、いっそう暴力的になっていたのだった。

真実和解委員会は法廷ではなかった。その機能は判決を下すことや刑罰をふくまなかった。しかし、真実和解委員会は、すでに裁判手続きをうけている人びとにもまだうけていない人びとにも恩赦を出すことができた。ただし、それは、後にチリのアウグスト・ピノチェット将軍が、自分の率いた軍事評議会を解散する条件を整えるために工作した時のような、一般的な恩赦を与えることはできなかった。ピノチェットが傲慢にも自分自身に与えた恩赦は、真実をおし隠し、〈誰か〉や個々の行為者を承認することがなかった。チリの真実和解委員会を愚ろうするような行為が行われた。南アフリカでは、恩赦を求める人びとは公的に声明を出さなければならず、自分の行為をすべて明らかにしたことを立証しなければならなかった。証拠を集める義務は彼らの側にあり、そうした要求は、アパルトヘイトが終わった時（そして白人たちがまだ裁判を支配していた時）に行われた刑事裁判よりもはるかに多く、何が起こったかについての真実をもたらすものであった。恩赦の申請書と証拠書類が集められると、真実和解委員会は加害者たちと彼らの犠牲になった人びと、すなわち拷問された人びとや、家族や仲間を殺人および拷問という国家政策、あるいは反アパルトヘイト抵抗運動によって奪われた人びとのあいだの面会の機会を調停した。これらの面会では、犯罪を犯した者が最初にしゃべった。それから犠牲者は自身の物語を語り、犯罪者に質問することができた。この後で、犠牲者は許すかどうか、あるいは犯罪者と和解するかどうかを自分自身で決めることができた。委員会は許しを犠牲者に要求できないと決められていた。許しは、虐待をうけた個々人によって自由に選択されなければならなかった。恩赦を申請する手続きと許しをうけるための手続きは関連していたが、それらは別のものだった。

委員会に入っていた心理学者であるプムラ・ゴボド・マディキゼラは、回顧録『その夜人間が死んだ』*A Human Being Died That Night* のなかで、許しのプロセスの多くの例を提供した。わたしが特に感銘をうけた一例だけを紹介させていただきたい。その例は、許す人はどのようにして許しが正当なものだったと判断するのかを示している。南アフリカ秘密警察の暗殺隊の元指揮官であるユージーン・デコックによって車に備えつけられた爆弾で暗殺された二人の黒人警察官の未亡人たちが、デコックが訊問をうける面会にやってきた。暗殺者であった頃「極悪人」として知られたデコックは、監視され囚人服を着て真実和解委員会の前に姿を現した後、個人的に未亡人たちと会って謝罪をしたいと願い出た。プムラ・ゴボド・マディキゼラはこう語っている。「二人の女性は、デコックが心の奥深くで実感したことを彼女たちに伝え、彼女たちの痛みに向きあっていることを感じた。［パール・ファク夫人は言った。］《わたしは涙を抑えることができませんでした。彼の声は聞こえましたが、感極まってしまい、はい、あなたを許しますと言うようにうなずくだけでした》。わたしたちの涙を目にして、それは夫たちのためだけの涙ではなく、彼のための涙でもあるということを、彼に知ってほしいと願います。……彼の手をとり、未来はあること、彼はまだ変わることができることを示したいと思います」[31]。ファク夫人は自発的に彼女の許しの行為のなかに、新しい始まりへの願いをこめている。もう一つの未来は、許しという解放の行為が可能にするものであり――悔悛がそのための道を準備する。彼女が望んだのは、彼の心の変化、彼の悔悛が、彼がかつて拒否し離脱した人間の仲間に再び入るための始まりになることだった。（デコックは、二つの犯罪について二重の終身刑に服しているが、それ以外の彼の犯罪すべてにたいしては恩赦を与えられた。）

このような例を念頭において、ツツは彼の回顧録のなかで、悔恨は許しの前提となる必要条件であるのか、あるいはそうであるべきなのかという問いを立てた。彼の答えは、新約聖書のたとえ話の場合のように、悔悛について何も前提しないような無条件の許しは、無条件の愛を根拠としなくても可能であるということだった。悔悛していない犯罪者を許すこともまた可能なのである。それは、犯罪者が共同社会に復帰するべきだということを決定するのが、許しを行う人であるからである。あるいは、犯罪者が死んでしまって悔悛を示すことができないからである。あるいは、許しは許す者を解放し、犠牲者を犠牲者であるというあり方から自由にするということが、許しを与える人に分かるからである。この最後の理由についてツツはこう述べている。「もし犠牲者が許しうるのは罪人が懺悔する時のみであるならば、犠牲者は罪人の恣意のなかに閉じ込められてしまうだろう。つまり、彼女自身の態度あるいは意図が何であろうと、犠牲者であることに閉じ込められてしまう。そのようなことは明らかに不当であろう」。しかし、彼によれば、両方の側にとっても共同社会にとっても最も有益な許しの過程は、デコックが行ったように犯罪者が悔悛する場合であった。「もし許しと癒しの過程を成功させようと思うならば、最後に罪人による承認が不可欠である――あらゆるケースがそうだというわけではないが、おおむねそうである」。もし承認が生じなければ、「いつか恐ろしい爆発が起こり、［二人の人間は］自分たちが安い費用で和解を得ようとしていたことに気づくだろう。……真の和解は、恐怖や虐待や痛みや堕落、そして真実を露呈する」。(32)

真実和解委員会の面会に来た人びとは、許さないという選択をすることもあった。しかし、ツツ大司教がこの選択について考察したのは、サイモン・ヴィーゼンタールが編集した、強い影響力をもっていることが知られているアンソロジー『向日葵』*The Sunflower* についてふれた箇所でだけだった。ナチ追跡者であったヴィーゼンタールは、寄稿者たちに、もし彼ら自身が次のような状況に直面したら何をするか、考察するように求めた。かつてナチの兵士であった人間が、ユダヤ人たちの集団を教会に集めて火をつけ、すべての犠牲者を焼き殺したことを許してほしいとヴィーゼンタールに頼んだことがあった。ヴィーゼンタールはナチ兵士の要求を拒んだ。ホロコーストに直接に巻き込まれなかったユダヤ人が、殺された人びとに代わって許しを行う権利はないと考えたからだった。ツツは、そうした議論を評価した。彼は、ヴィーゼンタールが、犠牲者のために語ろうとしたり、亡くなった人びとの受難を何らかのかたちで少なくしようとしたり、殺人者を大量殺人から自由にしたりすることを拒否する理由が分かるからである。

しかし、ツツ自身は感じていた。ヴィーゼンタールの拒絶は、それを論理的につきつめれば、癒しのプロセス――ユダヤ人の生き残りの人びとが実際にうけ入れた補償をふくめて――を支えるために、ナチの犯罪人やドイツ社会が戦後為しえたことや今為しうることは何もないのだ、ということを意味する。ツツにとってはこうした態度は矛盾するものだった。つまり、もし彼らが他の人びとの受難のために補償をうけ入れることができると判断するならば、同じように彼らのために語ることもできると考えるべきである。南アフリカの状況についてツツはこう論じる。「もし、今の世代がもはやいない人びとのために正当性をもって語ることができないとすれば、私たちは、一九四八年のアパルトヘイトの出現より前にさかのぼる南アフリカの人種主義者の過去の罪にたいして許しを与えることはできないだろう……真の許しは過去を扱う、未来を可能にするために、すべての過去を……私たちが何かを行うとき、それは過去、現在、そしてこれからの世代のために行っているのだということを、うけ入れなければならない。それこそが、――良かれ悪しかれ――共同社会を共同社会に、あるいは人民を人民にするものなのである」[33]。わたしはツツが正しいと思う。そして、共同社会は、犯罪者を起訴する権利と責任をもつのと同様に、犯罪者が許しに値するかどうかを決める権利と責任をもつのだと思う。亡くなった犠牲者たちは真実を見つけたり、物語を語ったり、判断を行ったりできないのだから、他の者たちが彼らのためにそれをする必要がある。共同社会の生活が持続し、永遠に過去に縛られないためにはそうするべきである。アーレントはこれを相互の解放と呼んだ。

ナチ兵士の犯罪や悔悛しないアイヒマンの犯罪、そして、悔悛しないニュルンベルクの被告人たちの犯罪はけっして許すことができないと断固として判断する人にとっては、誰が大量殺人者を許すことができるのかという問いは、もちろん議論の余地がある。邪悪な行為のゆえに許すことも罰することも不可能な〈人びと〉が存在するというアーレントの主張はどうだろうか。ツツの見方からすれば、政治的共同体——地方の、あるいは国家の、あるいは国際的な共同体——の安寧や癒しにとって重要なのは、その構成員たちが、〈あらゆる〉人は許しをうけることができる人に〈なる〉可能性をもつと見なすことである。誰も生まれつき邪悪ではない。あるいは、邪悪な行いの行為者になった人で、必然的根本的に堕落していて変化や更生の可能性がない人間は誰もいない。誰しも生まれつき陳腐で思考が欠如しているということはない。あるいは更生して思慮深くなる可能性をもたない人間は誰もいない。大司教はしばしばキリスト教の用語でこうした問題を論証したが、彼の訴えは最終的には、人間の複数性の概念に向けられていた。それはアフリカ土着のものではあったが、彼が次の一節で提示している概念は、アーレントがアリストテレスの〈*philia politike*〉すなわち「政治的友愛」を翻訳するために使った〈敬意〉respect という言葉で書き換えられると思うのである。

［ヌゴニ諸語のなかの］〈ウブンツ〉*ubuntu* は、西洋言語に翻訳するのがとても難しい。それは、人間

であることの本質そのものを言う。……そのときあなたは寛容で、客人をもてなし、親切で、気遣いがあり、情け深い。あなたは自分の持ち前を分かち合う。すなわち、「わたしの人間性はあなたの人間性に巻き込まれていて、ほどけないほど結ばれている」。私たちは一束の生に属している。「人は他の人びとをとおして人となる」と言われる。それは「われ思うゆえにわれあり」ではない。むしろ「わたしは属するゆえに人間である。わたしは参加し、わたしは分かち合う」。〈ウブンツ〉をともなう人は開かれていて他者に応じることができ、他者を肯定することができ、他の人びとが優れていて善良であることを脅威だとは感じない。なぜならそうした人はもっと大きな全体に属していて、他者が辱められたり貶められたり、他者が拷問されたり抑圧されたり、あるいは劣った者であるかのように扱われたりする時には、その人が貶められるからである。……許すことはたんに利他的なことではない。それは自己の利益の最高の形態である。あなたを非人間的にするものは容赦なくわたしを非人間的にする。［許しは］人びとに弾力を与え、彼らを生き延びさせ、彼らを非人間的にするあらゆる試みにもかかわらず、彼らがまだ人間として浮かび上がることを可能にする(34)」。

真実和解委員会が極端な犯罪や意図的な悪について何を語り示してきたかを考える時、アイヒマン裁判でそうであったように犯罪者に有罪を宣告し罰を与える（たとえどんな罰もその犯罪にはおそろしいほど不釣合いだと見えても）ことができる裁判のプロセスと、恩赦のプロセスのなかで見られるものをふくむ許しのプロセスとを区別することは非常に重要である。許しのプロセスは、ほとんどの状況において司法的なプロセスの代理とはならないものである。なぜなら、それは司法的な機能、つまり法律が支持され、判例が確立され、法の前では万人が平等であり、正義が為されるといったことを確かなものにする司法的な機能を満たすことができないからだ。さらに、人類にたいする犯罪に執行的責任があった人びとを起訴することが必要であるのは、アーレントが指摘したように、新しい犯罪の本質が確証され判例が示され、それが法律制定の基盤となり指針となることが必要だからである。国際的な立法措置は、大量殺戮についての国連による現行の協定以上のものを意味しなければならないが、とりわけ今ハーグに置かれているような、国際法廷の存在をひき継ぐものでなければならない。しかし、司法手続きは、「終結させること」についてしきりに論じられてはいるものの、実は許しがもたらしうるようなこと、つまり、人びとを過去から解放するというようなことはできないのである。それらは治療に役立つことがあるかもしれないが、本来その目的が治療であるわけではないのである。

南アフリカの真実和解委員会の偉大な教訓によれば、許しとそれを可能にする〈ウブンツ〉、あるいは敬意 respect は、政治的なプロセスによって、まさにそのプロセスのなかでこそ培われなければならない。政治的プロセスのなかでは（アーレント流に言えば）、許しは人間事象の構造的要素として政治的生活に必要なものであると想定される。特定のローカルな状況に適用される時、真実和解委員会のようなフォーラムが、過去の争いを扱う政治的生活の一部であるべきなのだ。条約の交渉のための——約束を行う——フォーラムが将来の争いにたいする保証であるのと同様にである。許しは、たんに起こりうる活動なのではなく、奨励されなければならない活動である。それは、司法プロセスや罰の代わりとなるものではなく——つまり、罰をうけずに活動することを犯罪者に奨励する方法でも、すべてが許されるといった意味でもなく――、過去に永遠に閉じ込められること、恐ろしい犯罪に永遠に拘束されることを防ぐための可能な手段なのだ（犯罪者を殺すということは、許しから生まれる解放の恩恵を、犯罪者も犠牲者も共同社会も手にすることができないということを意味するが、それこそが死刑に反対する最も強力な主張の一つだと、わたしには思われる。死刑執行は処罰に代わる復讐のようなものになる恐れがある）。

南アフリカの教訓が意味しているのは、政治的構造においてはいかなる〈人物〉にたいしても許しの可能性をけっして排除すべきではないということである。たとえ犯罪がどれほど凶悪なものであっても、それが人間の複数性の条件、人類の条件にたいして加えた攻撃がどれほど大きなものであっても同じである。アーレントは、根源的に邪悪な行いについて述べている。わたしたちが知っていることはせいぜい、「わたしたちはそのような犯罪を罰することも許すこともできないということ、それらは人間事象の領域と人間の力《パワー》の可能性を超えているということ、それらが姿を現す時この領域も力もともに破壊されてしまうということ」である。彼女は、本来は人間の権力《パワー》の本性と暴力の本性との違いを最も深く理解していた人であったにもかかわらず、この時は許しの力をふくむ人間の力の可能性を過小評価していたのではないかとわたしは思う。一人の人間《パーソン》は〈いつも〉許す力をもち、許される人間《パーソン》との関係性のなかで活動する。そのような可能性は、あらゆる人間が――暴力によって――破壊されてしまうのでないかぎりは、根源的には破壊されえないのだ。

アーレントが書いたように、許しの政治的意義は、約束を行うことの意義よりも認識しにくい。なぜなら、約束はつねに欠かせないものとして、条約、契約、誓約、協定、制定など多くの形態になるものとして知られてきたのにたいして、許しはいつも、公的領域では非現実的なものとして、神学などの他の領域から導入されたものとして見なされてきたからだ。政治は人びとが活動する空間を保つために法律や憲法を必要とするが、活動するあいだ彼らが実際に合意し協力するには、相互の約束（ジェファーソンはそれを独立宣言で相互の誓約と呼んだ）が必要とされる。

許しが過去の人間活動の予測不可能性からの〈解放〉release を与えるのにたいして、約束は、不可避的に未来に起こるような予測不可能性からの〈小休止〉respite——「不確実性の大海に浮かぶ確かさの小島」——を与える。アーレントは、このような休息は二つの仕方で生じると考えていた。つまり約束は、「自分たちが明日どのような人間になるかをけっして保証できない」[35]人びとの基本的な頼りなさにもかかわらず、信じることを可能にし、活動の結果についての（知識ではなくても）希望を可能にする。自己支配や他者を支配することによって確かさを求めようとする人びとは、約束を大いに信用する人びとではない——あるいは人びとを大いに信じ、活動から多くを望むような人びとではない。

自らが創出した自律的自己や、他者による確証とは関係のない自己存在をすっかり信じているロマン派たちにたいしてアーレントはずっと以前から異議を唱えている。そのことは、『人間の条件』における次のような言明ではっきりと示される。「人間が自分自身を頼りとしたり、（同じことだが）自分自身を完全に信じたりできないことは、自由のための代償である。そして自分たちの行為の無比の支配者であり続けることができないこと、あるいは行為の帰結を知ったり未来を当てにしたりできないことは、複数性とリアリティのための代償、すなわち、すべての人びとの存在によって各人に保証されている世界に他者とともに住むという喜びのための代償である」(36)。ギリシア人やローマ人にはほとんど賞賛されなかった感情である信頼と希望は、生まれたという徳によって人間がもち、福音書がイエスの誕生という「喜ばしい知らせ」とともに讃えている、新しいはじまりへの能力の「完全な経験」を必要とする。

アーレントによる近代世界の理解では、信頼と希望が政治生活に翻訳されたのは、革命の伝統においてであり、そこでは新しいはじまりという吉報は——とりわけアメリカでは——「公的幸福」として知られていた。彼女はこの言葉をたとえようのないほどに重要なことだと指摘している。その時アメリカの建国の父たちが掲げたのは、個人的な福利や財産の所有という幸福ではなく、（ジェファーソンの言葉で言えば）「公的事柄への参加者」であることの幸福であった。創設者たちの経験のなかで、「対話や法律の制定や取引の喜び、説得し説得されることの喜び」は、富の追求や福利といったいかなる個人的な経験にもまさっていただけでなく、いかなる宗教的な神の経験——それは伝統的なキリスト教の観想では至福の定義を意味していたのだが——をも凌駕していた。啓蒙君主であろうと専制君主であろうと、あらゆる支配者の支配にたいして反対するエネルギー源となったのは、公的幸福のためのこの情熱であった。それは、憲法がその相互誓約によって、革命それ自体の時代を超えて保存しようとしたものであった。

フランス革命とアメリカ革命を比較した最初の歴史家であるフランス人のアレクシス・ド・トクヴィルの導きにしたがって、アーレントは『革命について』のなかで、革命の前、革命のさなか、そして革命の後のアメリカ人とフランス人の基本的な経験を特定しようとした。そして、「公的な自由の味わい」と結びつけられたこの公的幸福が、アメリカ革命にとって決定的なものであると考えていた。彼女は『人間の条件』の手法を使って、革命の活動に先んじる条件を叙述する。第一に、巨大な貧富の差はあったものの、植民地アメリカにおける多くの人びとは、貧困から比較的自由であるという特徴があった。つまり、革命は主として社会的あるいは経済的正義の問題に向けられるということはなかった。（しかし、彼女が注意深く記したように、奴隷制度の存在は相対的な豊かさというこの条件の例外であった。彼女はそれをしばしばアメリカの「原初の犯罪」、憲法がとり組むことが〈なかった〉事柄——その沈黙は南北戦争につながった——として描写していた。）[37]

第二の鍵となる条件は、アメリカはフランスのようなピラミッド型の権威体制ではなかったということだった。アメリカには、首都で王位についている絶対的な（「神授の王権」）君主と封建的な組織に閉じ込められている人びとはいなかった。アメリカは、多くの種類の政治的結社に満ち、すべての郡区に公会堂がある州の集まりであった——そこには相互誓約の活気あふれる政治生活があった。そのような条件のもとで、貧しさに苦しむ労働者でも社会的正義のための活動家でもない人びとは、海の向こうの君主国からの自由を獲得し、それを制度化することに熱中し、すでに存在している相互の信頼、普通の人びとへの信頼とジョン・アダムズが呼んだものを当てにすることができた。経済的変革に焦点を合わせたフランス革命の革命家たちは、〈党派〉を暴力的に王座に着かせたのだった。

結果としてアーレントは、フランス革命とアメリカ革命という十八世紀の革命の二つの理念型を描写し、世界中のその後の革命はすべてフランス革命だけを継承したのだと考えた。経済的・社会的条件が非常に異なっていたヨーロッパでは、アメリカ革命の発見と功績の真価は認められず、ほかならぬアメリカにおいても、悲劇的な「想起と思考の失敗」があったためにその偉大な功績の多くが消滅してしまった、とアーレントは感じていた。繰り返し彼女が指摘したのは、建国の父たちの革命的な経験が、伝統的な思考法から自分たちを解放する彼らの能力をいかに上回っていたかということだった。その結果、世俗的領域を確立し「あらゆる権威は最終的に意見をよりどころとする」ということに気づきながらも、彼らはそれとは正反対に、「神のもとにある」国民という神的な権威に訴えたのだった。彼らは、相互の約束にもとづいて、高らかに「われわれはこれらの真理を……見なす」と宣言することができた。そして次には、哲学者たちの、すなわち実際に真理を自明で絶対的なものと見なし、人間が手にする真理は意見の公的な交換においてのみ明らかになるという理念や、人間の平等は協調して行われる活動においてのみ生み出されるという理念を認めることはできなかった哲学者たちの、反政治的な論文を活用することができた。ジェファーソンは、独立宣言を相互誓約の宣言で締めくくったかもしれないが、なおも彼が宣言していたのは、政府は「その正当な権力を」統治される人びとの〈同意〉から引き出しているということだった。そしてアーレントが悲しみをこめて注釈したように、「彼も他の誰も」、「《同意》と相互の約束のあいだの、あるいは社会契約理論の二つの型のあいだの、単純で基本的な違いに気づかなかった」のである。(38)

権力は政府のいかなる部分(行政、立法、司法)によっても、あるいは代表組織(州もしくは連邦)のどのレベルでも生み出されえたが、そうした権力を制限する約束——合衆国憲法——によって自由を保証するという可能性を、アメリカの人びとが革命の活動のなかでどのようにして発見したかということは、最も分かりにくいものになってしまったと彼女は感じていた。合衆国憲法は、連邦政府が他の政府と約束する関係——条約や協定——をもつ権力さえも制限していた。アーレントは、この「アメリカの政治の最も偉大な革新性」に驚嘆しながら、憲法のどこにも〈主権〉という言葉が出てこないことを書きとめている。実際、合衆国憲法は、第六条において主権の概念をはっきりと拒否している。そこでは政府は国の代理人であるとみなされている。いったん条約が締結されたら、それは指導者をふくむ州のいかなる市民によっても破棄されえないし、国は条約に主権を引き渡すのである。「合衆国の権威のもとに締結された、あるいは今後締結されるすべての条約は、国の最高の法になるだろう」。(このように、もし合衆国政府がたとえばジュネーヴ協定に調印したなら、合衆国全体がそれに拘束されるのである——それは、合衆国政府が条約に調印するときに自分たちのものであると思っている主権を少しも譲らない現在の姿においては、しばしば無視されている制限なのだ。)(39)

抑制均衡《チェックアンドバランス》のその新たな行使がアメリカという共和制の内部で意味していたのは、古い形態の支配が新しい支配に、君主の主権が政党の独裁にとって代わったフランス革命型の諸革命でのように、権力とは、ある制度に委譲されることによって失われるものではないということであった。外交においてそれが意味していたのは、他の政府と結ばれた同盟はすべての者の権力を減らすのではなく増やすのだということであった。建国の父たちの発見は、約束という手段によって活動する人びとは「権力が有効なものとなる次元そのものの真に奇跡的な拡大」をもたらすことができるという彼らの経験にもとづいていた。このことをアーレントは何度も強調している。

権力は、人びとが活動という目的のために結びつく場合にのみ生じ、どんな理由であれ彼らが離れ離れになり互いに見放す時には消える。したがって、結束し約束すること、連合し誓約しあうことは、権力を存続させるための手段である。何らかの特定の活動や行為のなかで人びとが自分たちのあいだに生じた権力をそこなわずに保ちつづけることができる時には、彼らはすでに創設を、つまり、安定した世界の構造を構成し、いわば活動の結合権力に場所を与える行為を手にしている。約束を行い、それを守る人間の才能のなかには、人間の世界建設の能力という要素がある。(40)

『革命について』は、約束の能力を存続させ、意見を表明し判断を行う公的幸福を保証した建国の父たちの州や連邦の制度——世界建設——にたいする賛歌である。連邦レベルでは、彼女はとりわけ上院と最高裁判所の革新を歓迎した。しかし賞賛を与える一方で、彼女がけっして見逃さなかったのが、革命以前の植民地時代に成長し革命を可能にした制度、すなわち郡区《タウンシップ》と集会所《ミーティング・ホール》を建国の父たちが無視していたことであった。

アーレントは、偉大な都市史家ルイス・マンフォード（わたしの見るところでは、アーレントの世代で彼女と同じ水準にあった数少ないアメリカの思想家の一人）に同意し、州あるいは連邦の組織に郡区を組み込めなかったことは、「革命以後の政治的発展における悲劇的な失敗の一つ」であったと見なした。この「想起と思考の失敗」が意味したのは、市民が継続的に統治に直接参加するためのローカルな制度をもたなかったために、彼らの大部分は州および連邦政府の代表を選挙する時にのみ参加者になったということだった。実はジェファーソンは、晩年に個人的な手紙のなかで、諸地方の区がどのようにして「共和制の基礎」elementary republicsとなりえたかを考えていた。しかし、政治原理としての〈政党〉の制度を通じた代表制が重視されるようになったことで、実際にアメリカ人たちが成し遂げた、共和主義的な代表制の実態を超える真の「新しい政府の形態」だとアーレントが考えていたものが力をもつことは妨げられた。(41)

彼女はこの新しい形態を「評議会制」と呼んだ。そして、郡区というアメリカの革命以前の基本的共和国と、理論からというよりも革命精神から生まれ、〔フランス革命の〕〈革命協会〉*sociétés revolutionnaires*、〈ソヴィエト〉、〈レーテ〉、ヨーロッパで自発的に現れた評議会とのあいだの基本的な類似性に驚いた。フランス革命に始まり、彼女が子供のころに耳にしたり、あるいは新聞で読んだりしていたロシアやドイツやハンガリーでの二〇世紀の革命へと続くすべてのおもな革命では、革命の最中に評議会が現れた。それらはアメリカでの評議会に類似するものだった。類似性は何よりもまず、それらが「いつも主として政治的で」あったという点にあり、さまざまな「フランス的な」革命の最優先の関心事が社会的・経済的要求をともなうものであったのにくらべると、「社会的・経済的要求が非常に小さな役割しか果たしていなかった」ということであった。(42)

『革命について』の最後の数頁において、アーレントは「評議会制の新しい形態は、もしそれが制度化されていたならどのようなものであったか――あるいは未知の将来に制度化されるならどのようなものになるのか」ということを想像している。もちろん彼女は、州あるいは連邦の構造をローカルな評議会に置き換え、選挙や代議政体を拒絶するというようなことを提案したわけではなかった。彼女の構想は、あらゆる統治レベルのあらゆる制度をできるだけ評議会に近づけ、政権を握る政党が政策を命令し行政官を任命するような階層制とはできるだけ異なるものにすることだった。選挙の時だけではなく市民の声があらゆるところで聞きとられることを彼女は望んでいた。アメリカの市民的不服従について論じた一九七〇年のエッセイのなかで、彼女は次のように書いている。「代議政体そのものが今日では危機に瀕しているが、その理由の一端は、それが時間の流れのなかで実際の市民参加を認める制度をすべて失ったからであり、またある部分では、政党制が患っている病、すなわち官僚制と党の機構以外の何者をも代表しない二大政党の傾向に、深刻に影響されているからである」。(43) さらに彼女は、結社《アソシエーション》の権利は修正第一条では認められていないが、憲法に書き込まれるべきであり、そして――場合によっては――代表者たちに異論を直接伝えられるように、不服従を行う市民たちに、公認のロビイストによって今日享受されている地位を与えてもよいと提案した。

『革命について』で、彼女は、新しくできたローカルな評議会で信頼を得て、「草の根的な政治組織のなかでの自主的選択」によって次のレベルの評議会へ、そして連邦の評議会へと上っていく経験をつんだ政治活動家の中核となる人びとの姿を思い描いた。こうした光景を叙述する時、彼女は、全体主義的な玉葱構造を権威主義的なピラミッド体制から区別するために展開する理念型という比喩をもちいていた。「疑いなくこうした形態の統治は、完全に展開すれば、再びピラミッドの形態をとることだろう。それはもちろん、本質的に権威主義的な統治である。しかし、既知のすべての権威主義的統治では権威は上から下に浸透するのにたいして、この場合の権威は頂点や底辺で生み出されたものではなく、ピラミッドの各層すべてで生み出される。そしてこのことは明らかに、自由と平等をいかに調停するかではなく、平等と権威とをいかに調停するかという、近代の政治の最も深刻な問題の一つを解決する手がかりとなるだろう[44]」［強調は筆者］。

アーレントの死後の数十年間、約束の権力《パワー》と人民に由来する評議会制の権力にたいする彼女の高い評価が、現代の政治理論家によって真剣に受けとめられることはめったになかった。彼らのほとんどは、最終的には市民を支配する政府への代表を選ぶことを中心に組織されているのではないような政治的生活を想像することができなかったのである。彼女が評議会制について高い評価を下していることは、彼女の思考が非現実的あるいはユートピア的な傾向をもっていることの証左であると言われている。しかし、アーレントの構想は、今は全体としてふり返ることができるようになったために可視的になった、ある活動において具体化されてきた。ハンガリー革命についてのエピローグが『全体主義の起原』の一九五八年版にふさわしかったのと同じように、その物語は、『革命について』のエピローグにふさわしいものだろう。まさしく「連帯」という名において、この活動は――この評議会の創出は――約束の権力を証言しているからである。

一九八四年のノーベル平和賞受賞者デズモンド・ツツによる回想録は、新しい始まりとしての真実和解委員会の物語を語っている。この活動の反響が結果として何をもたらすかは、未来の活動が示す事柄である。しかし、許しのプロセスをとおして真実が公的領域に現れうるという、この活動における発見は、いまや世界を築き上げる出来事となっている。「連帯」の活動が世界に承認されたのは、一九八三年のノーベル平和賞がその指導者であるレフ・ワレサに授与された時だったが、その承認は、さらに広がりをもつ反応の一部にすぎなかった。というのも、ワレサはストックホルムの受賞式での彼の行為を、非暴力主義を強調しながら世界と「連帯」していることを示すためだけではなく、ポーランドの共産主義政府――その背後にはソ連がいた――にたいして、言論と活動のための政治的空間の必要性を訴えるためにも利用したからである。「連帯」の同志たちが監獄にいるなかで、ワレサは国際的な討論の場を使うことによって、相互にかわしていた大切な約束を破ってポーランド人たちに押しつけられていた戒厳令に、終止符を打つように要求した。

その約束とは、グダンスクのレーニン造船所での「連帯」の非暴力的ストライキの結果として生まれたものだった。つまり、一九八一年の一般協定で、政府は自主管理労働組合にストライキの権利を認め、宗教や政治に関する一定の表現の自由を与えていたのであった。この約束は、一九六八年の初めに政府がワルシャワ大学の学生運動を抑えつけ、多くの学生と中心的指導者の一人ヤツェク・クーロンを投獄した時に始まった、十年以上におよぶ不満を埋め合わせるものだった。当時、ヨーロッパの各地やアメリカ合衆国で国際的な学生運動が勢いを増していた。しかし八月、まだ投獄されていたクーロンは、ヨーロッパ全域での学生たちがそうであったように、自分の考えを再評価することを余儀なくされる。それは、ソ連とワルシャワ条約同盟国の軍隊が、チェコスロヴァキアの学生や共産党内の反体制派のあいだに生まれた評議会を押しつぶしたときのことだった。（アーレントは、当時深刻な病にあったカール・ヤスパースを訪ねるためにスイスにいたが、「プラハの春」の崩壊のニュースは読むに耐えなかった。彼女は短い手紙を夫に書き送った。「新聞――チェコスロヴァキア。ぞっとします」(45)。）

一九六八年八月の記憶は、ポーランドのクーロンと仲間の学生たちが自分たちの状況を再評価する時の鍵となった。彼らは、ポーランド共産党（ＰＣＰ）内の改革派を当てにしても無駄になりうるという教訓を手にしていた。しかし彼らが学んだことで最も重要な点は、共産主義政府――さらにはソ連――にたいする暴力は明らかに不可能であり、むしろそれは抑圧を増大させるだろうということだった。暴力への反応はさらなる暴力――催涙ガス、戦車――となり、抑圧的な政権をさらに強化するだろう。クーロンの秘蔵っ子の一人アダム・ミフニクは、アーレントが論じたようにヨーロッパで知られた唯一のモデルであったフランス革命のモデルを拒否した『監獄からの手紙』*Letters from Prison* でこの教訓を説明している。「現存のバスティーユ牢獄を襲撃するために暴力を使用することによって、我々ははからずも新しいバスティーユを建ててしまうのだ」。（これはアーレントの思想を表現した実践的で政治的な判断であった。「暴力の実践はすべての活動と同様に世界を変える。しかし、そこで最も起こりそうな変化は、さらに暴力的な世界への変化である」[46]。）ポーランドの学生たちによる暴力の拒否とともに、革命の歴史の新しい一章が開かれたのである。

ポーランドの反体制知識人たちが一九七〇年代の半ばに注意を向けたのは、党の外部での「自主管理」（その言葉は、ガンジーが、インドの地方レベルで、政治的イニシアティヴと訓練を身につけさせていくために構想していたプログラムから借用された表現である）と「自己組織化」をおし進めることによって、生活のあらゆる側面におよんでいたポーランド共産党の権威主義的支配に抵抗することだった。そのアイデアは、自由な人びとによる現実的で日常的な共同関係《コミュニティ》を構築しようというものだった――アーレントならばそれを評議制と名づけ、革命以前のアメリカの郡区組織になぞらえたことだろう。政治において実践をつんだ人びとは、その時、下から政府に圧力をかけることができる。カトリック教会との同盟が模索されたが、それは、教会が古いナショナリズムを信奉してはいたものの、すべてのポーランド人のための市民的自由を支援してもいたからだった。労働者たちとの同盟――連帯――も模索された。労働者たちは、一九七〇年に鎮圧される前には、一連のストライキによって政府からの譲歩を勝ちとっていたのだった。反体制知識人たちによって作られた労働者防衛委員会によって、一九七六年には労働者の権利憲章が起草されていた。

職業は電気技術者であったワレサとレーニン造船所の彼の同僚たちがストライキを起こした一九八

〇年八月にはすでに、ポーランドにはたくさんのコミュニティ組織が存在し、さまざまな社会階層の人びとに「連帯」を支援する準備ができていた。一九八一年の一般協定が結ばれた時には構成員の数は一〇〇〇万に達していたが、ポーランドの大統領ヴォイチェフ・ヤルゼルスキ将軍はクレムリンからの命令で戒厳令をしき、国会によって「連帯」は法律上は解散させられた。その後、グループを再編成し、組織化し、考えを深める灰色の七年が続いたが、その時期の間に、ワルシャワのミフニクと『批判』*Krytyka* や『共和国』*Res Publica* という雑誌に携わっていた彼の仲間は、『話者』*Beszelo* を出すブダペストの知識人たちと共に、どのようにして民主主義への移行が可能かを議論するためのフォーラム、民主主義会議を結成した。ニュースクール・フォー・ソーシャルリサーチで教えるアメリカの学者たちは、この民主主義会議を支援し、議論を共有し、ワルシャワとブダペストに、そのグループが彼らの内々の会合で議論したいと考えていた最初の本、つまり、ハンナ・アーレントの『全体主義の起原』のコピーを送った。(47)

ミフニクと彼の同志たちは、全体主義政権の本性に関する彼らの理解にもとづいて、徐々に脱全体主義化のプロセスをたどりつつあった既存の政治構造のなかに、民主的な選挙のプロセスを挿入するための戦略を考案した。何年もかかったこの戦略は、再登場の後にさらなるストライキ戦術をくり広げ、政府に「連帯」の承認を迫った労働者評議会の活動によって補強された。こうしたことが最終的に達成されて、結果として「連帯」は、共産党から出された大統領と選挙された首相によって率いられる二院制のポーランド国会の自由選挙に、候補者を立てるまでになった。

選挙における「連帯」の勝利は圧倒的であり、一九八九年には、ジャーナリストで「連帯」の戦略家であったタデウズ・マゾヴィエッキが、一九四〇年代末以来、ポーランドを統治する最初の非共産主義者の首相になった。しかし彼とワレサは、ポーランドがいかにしてどのような速度で市場経済に移行するかという問題については、意見が異なっていた。そして一九九〇年にワレサがポーランドの首相に選ばれるころには、連合の結束は綻びはじめていた。その理由はとりわけ、ワレサの見解が次第に伝統的な戦前のポーランド民族主義者のそれに近くなり、評議会ではなく政党を擁護するようになったからであった。一九九〇年代の初めにポーランドでは多くの政党が生まれ、ありとあらゆるフランス型の革命のなかにアーレントが観察してきた現象が再び出現したのである。すなわち、政党制が評議会制を圧倒した。しかし、その革命は非暴力的なものであったので、勝利した政党制は報復と暴力の体制ではなく、一党独裁ではなくて多党制であった。非常に多くの本格的で持続的な改革が行われていた。

そのころには「連帯」の例は、東欧全体に広がって、一九八九年の「ビロード革命」に拍車をかけることになっただけではなく、ソ連にまで広がった。一九八五年には五四歳のミハイル・ゴルバチョフが、一連の老齢で堕落したスターリン主義者の生き残りたち、つまりブレジネフ、アンドロポフ、チェルネンコからソ連の政権をひき継いだ。これらの指導者たちは、ソ連経済の悪化と、一九八六年チェルノブイリで世界最初の核原子炉大爆発をひき起こした技術的な基幹施設の瓦解とを統轄していた。チェルノブイリの大災害の現実についての最初の偽りの後で、ゴルバチョフは先例のないテレビ放映の演説を行い、突然の恐怖に慄く人びとに事態の真相を語った。それはあたかも、ゴルバチョフがビロード革命の偉大なマニフェストの教訓を証明しているかのようであった。チェコの作家で反体制派のヴァーツラフ・ハヴェルによる「権力なき者の権力」というエッセイは、「真実のなかで生きる」ことができる者たち、「嘘の内部の」生活から浮かび上がることのできる者たちは「単独であり、なおかつ起爆力をもつ計算不可能な政治的権力」を開始するだろうと主張した。(48)

ゴルバチョフはソ連の人びとに真実を手渡し、法外な環境危機の最初の弔鐘であったチェルノブイリの何百人もの死傷者の現実に、彼らを直面させるという重大な決断を行った。アメリカや東欧をふくむヨーロッパを変容させていた繁栄と高度技術の上げ潮から、ソ連の人びとがとり残されていたことを、ゴルバチョフは認識していた。そして彼のメッセージとともに二つのロシア語、グラスノスチ〔情報公開〕とペレストロイカ〔改革〕が、すぐさま世界中で語られるようになり、「連帯」とその革命の現代的遺産として認められるようになった。

ゴルバチョフのグラスノスチがもたらした、嘘の内部での生活からの脱出は非常に迅速なものであり、一九八八年のソ連の学校では歴史の試験を中止しなければならないほどだった。あまりにも多くの過去についての嘘が明るみに出され、あまりにも多くのスターリン以後の英雄的指導者が殺人的な全体主義者としてレッテルを貼り変えられたので、学生用の歴史書は時代遅れとなった。新しい開放性と嘘の拒否は、フルシチョフによる緊張緩和よりもずっと徹底的であり、それは、突然花開いた出版界によってだけではなく、テレビ画面や映画館においても人びとに伝えられた。ソ連の政府保管文書が学者たちに公開されたことから、一九八九年にポーランド人たちは、カチンで一九三九年に起こったポーランド人兵士の大虐殺についての真実に関して、ソ連による長年の被害にたいして賠償をうけた。その大虐殺はソ連の責任であることが証明され――そしてソ連の政府によって承認され――たのだった。

ゴルバチョフはペレストロイカ政策によって、ソ連の人びとが自分たちの経済と自分たちの政府にもっと責任をもつべきであるということは認めていたが、ポーランドの人びとが自主管理や評議会制を重視することについてけっして評価しなかった。自分が構想する社会の再編成に刺激を与えそれを導くのは共産党であるべきだと、彼は考えたのだ。彼の「革命」は独裁的ではなかったが、人びとから生じたのではなかった。したがってその効果は複雑で、真実を語ることや自由な言論を奨励しながら、ジェファーソンが「公的事柄への参加者」と呼んだ者としての経験がない人びとが、ともに過去と向きあい相互の誓約をすることを助ける場としてのフォーラムは設けられなかった。むしろ、ゴルバチョフの改革は、スターリニズム的な志向の反動派に、西側志向の革新主義者を対抗させるといった分極化の傾向をもっていた。とりわけ政権がアフガニスタンにたいして帝国主義的な猛攻撃を行った時には、ナショナリストの抵抗や民族的な巻き返しは激しいものになった。スターリニズムとスターリニズム以後の五〇年以上におよぶ歳月に積もり積もった痛みや苦しみの遺産が、激しい非難となってほとばしり出たのである。

ゴルバチョフはといえば、自分自身の解放的構想にしたがうことができなかった。というのも、その構想のなかで人びとに本当の信頼が置かれたことは一度としてなく、構想はいつも自分自身への信頼と自分の周囲に集めた党の改革派たちへの信頼だけにもとづいていたからである。しかし、そうした人びとはローカルな政治組織から立ち上がってきたり、評議会制度のなかで学んだりした人びとではなかった。最後に党の反改革的なスターリン主義的保守派たち、すなわちロシアの指導者ボリス・エリツィンに対抗する勢力との同盟へと傾いた時、ゴルバチョフはこれらの頑固な保守主義者たちが自分の役には立たないと悟った。それどころか、彼らは緊急事態を宣言し、ゴルバチョフを大統領の地位から退かせた。しかしこうして試みられた政変は短命——三日間——に終わった。反改革派たちは交戦する機会をもたなかった。なぜなら、スターリンの全体主義的独裁にとって全盛期にはあれほど重要だった軍とKGBさえ、エリツィンの後盾となる勢力へと転向していたからである。そしてソ連は消滅した——それは脱全体主義の長い歴史のなかで、最も劇的な瞬間であった。

「連帯」の息吹は東欧の他の諸国にも達した。一九八九年の初めチェコとハンガリーでは、ポーランドの最初の評議会制モデルを使うことによって組織化され、もはやソ連に援助されてはいなかった自国の共産主義政府に非暴力的に反抗して立ち上がることができた。何十万人もの東ドイツ人たちが、西ドイツ政府からは「失われた東部領土」としてつねづね言及されていた息苦しい自国を後にして、チェコスロヴァキアとハンガリーに向かって開放された国境を越えた。その一方で、残った人びとの多くが、一九六一年以来都市を分断していた壁に閉ざされたベルリン街頭での抗議デモに参加した。一九八九年十一月、デモ参加者や西側からの共鳴者たちによってベルリンの壁に開けられた穴を通って、東ドイツの人びとが西ドイツへの国境を越えることができるようになった。ベルリンの壁崩壊と、「一九八九年の中欧革命」とまとめて呼ばれるようになった出来事の後で、政治的実体としてのヨーロッパが出現するための、真に先例のない瞬間が近づいた。

アーレントは、『全体主義の起原』の第一版（一九五一年）の「結び」で国際礼譲について論じる時、ジャン・モネの構想に鼓舞されたフランスの外相ロベール・シューマンがすでに西ヨーロッパの石炭産業と鉄鋼産業の統合を提案していたことに気づいていた。彼女の本が出版された年に、ヨーロッパ石炭鉄鋼共同体（ＥＣＳＣ）が、ベルギー、西ドイツ、ルクセンブルク、フランス、イタリア、オランダという六つの構成国によって立ち上げられた。これらの六ヵ国での石炭鉄鋼産業について決定を行いうる「最高機関」である超国家組織の初代の委員長には、モネが就任した。ローマ条約によってヨーロッパ原子力共同体（ＥＵＲＡＴＯＭ）とヨーロッパ経済共同体（ＥＥＣ）が成立した一九五七年以降は、構成国はそれぞれ国家間の貿易障壁を解消する方向へと動いた。一九六七年には既存のヨーロッパの諸制度が合併し、ＥＥＣのための政治制度として、ヨーロッパ議会が立ち上げられていた。議会の代表は構成国の国会によって選ばれていたが、一九七九年には先例のない選挙が実施され、構成諸国の市民がヨーロッパ議会の代表を直接選出するようになった。

一九八九年の出来事は、経済主導の成功から生まれ、ますます政治的なものとなっていたヨーロッパの努力に拍車をかけた。さらに、それらの出来事は、一九七三年に新しい西ヨーロッパの構成国をうけ入れ、拡大していたＥＥＣの構成員にさらに加わりうる国々を生み出した。ＥＥＣは、革命前のアメリカに存在していたような評議会制度ではなかったが、条約のための報告書の作成や特定の推薦や一般的な提案を行う一連の国際的な作業グループに依存していることはたしかだった。通常はそれぞれの議長の名前で呼ばれていたこれらのディスカッショングループは、構成国からの政治代表だけでなく、拡大していく連合によって影響をうけ規制されるあらゆる分野の専門家の市民——エコノミスト、銀行家、法律家、安全保障の専門家、環境問題専門家、農業専門家など——から構成されていた。委員会は自発的な市民の会合でも共和制の基礎となるものでもなかったが、それらは意見の交換のための、約束への道を準備するためのフォーラムではあった。

一九九二年に調印されたマーストリヒト条約は、構成国の政府間の協力の新たな形態——おもに防衛および「司法と内務」の分野——を数多く成立させ、より政治的な名前をつけられた「ヨーロッパ連合」を発進させた。この条約によって、ほぼ二世紀にわたってフランスのモデルにしたがった革命の本家であったヨーロッパは、完全に非暴力的な「アメリカ的」革命を経験した。

こうして驚くばかりに明示的な約束の権力によって、さらなる約束へのはずみがつき、それは次第に構成国家間の貿易、旅行、通貨、教育などを、まさしく私たちの暮らしている世界の現実に適合させ、障壁を撤廃させていくことになった。たとえば、EU諸国によって一般に採用された政策は、環境問題についてのヨーロッパの意識の高まりに合わせたものであった——そうした意識は、解体時のソ連では不幸にも欠如していて、それに続いた独立共和国でもなかなか現れてこなかった。たとえば、EUの農業政策の元来の目的は、できるだけ大量の食物をできるだけ安価に生産することだったが、一般的な生活水準が高まるにつれ、環境を保護しながら健康で質の高い食物を生産する農法支援策を提供することへと発展した。こうした転換は結果として、ＥＵ政策全体にわたって環境保護への関心を高めるような刺激を与えた。アーレントの言葉で言えば、環境保護は、彼女が「地球」と呼んだ人間の条件――人間が地上に共に住み、共通の住まいとしてそれを分かち合っているという条件――が〈政治的に〉承認されるようになったことをはっきりと表している。

ふり返ってみると、ヨーロッパでの一九六八年の大変動やすでに一九八〇年には出現していた「連帯」は、ポーランドやワルシャワ条約機構の他の国々の、そしてそれらを支配したソ連の脆弱性（アーレント風に言えば権力のなさ）を露呈したものであったことは明白である。一九八九年に続いた諸革命を条件づけていたのは、そうした脆弱性だけでなく、それを創造的に利用した人びとの勇気ある活動であった。アーレントがあれほど賞賛した評議会制は、まず第二次世界大戦の前に、そして一九五六年にハンガリーで具体化したが、さまざまな形態でふたたび現れた時、それは革命の最も重要な功績を物語った。ビロード革命は、アーレントが輪郭を描いたアメリカ革命とフランス革命のモデルの特徴を混ぜ合わせたものであったが、憲法的な改革に集中するよりも先に非暴力的に進行するというう、彼女には未知の新しいタイプの革命へと発展した。その一方で、こうした諸国の展開にエネルギーを得て、ヨーロッパ連合に帰着した四〇年におよぶ革命は、ある新しい経験を生み出した。つまり、アメリカ型の革命が国民国家の連合――連合の障害となる国家主権の要素を手放すことに同意した国民国家――という結果にいたったのだ。

しかし、革命の初めには、ヨーロッパ人たちは政治を強調してはいなかった。経済的社会的関心と政治的関心の明確な区別は、アーレントの考えではアメリカ型の革命にとって決定的なものであったが、ヨーロッパ人たちにとってはそれほど厳密なものではなかった。そして彼女の死後三〇年以上がたった今日の世界では、社会的経済的領域と政治的領域を、アーレントが区別したほど厳密に区別することはできない。というのもそれらは日々の生活においてあまりにも絡みあっているからだ。今、彼女の区別が果たすべき機能とは、経済的社会的関心事について可能なかぎり意思決定を行う領域であることが、政治的領域にとっていかに重要であるか、企業の重役会議で進行する事柄とは一線を画して企業の影響から可能なかぎり自由であることが、政治的議論と意思決定にとっていかに重要であるかをたえず思い出させることである。ヨーロッパ人たちは経済的な協力のための組織によって、個人、階級、地域、民族の貧困や経済格差の克服を呼びかけることができた。そしてその功績（さらにはEUの平均以下の生活水準にある国家に援助を続けるための、異論の多い複雑な取り決め）にもとづいて、政治的連合へと向かっている。そして今――ほかならぬ今――ヨーロッパ人たちはそれぞれの国ごとに、すべてのヨーロッパ市民が投票する憲法を作成し批准するという偉大な課題に直面している。批准のプロセスは目下のところかなりの難題となっているが、その理由はとりわけ、東側に立ちはだかる全体主義のソ連がもはや存在せず、ヨーロッパ人たちを刺激して防衛上の連帯をうながすということがなくなったからだ。たしかにより多くのヨーロッパ人たちが恐れているのは、大西洋の向こう側に立ちはだかる超大国である。それが全体主義だからではなく、その国が相互の誓約に関心をもたず、主権を一方的に主張し、ホッブズのリヴァイアサンに類似するようになってきたからである。(政治的連合の土台を整えるために、まずはエネルギーと経済の統合モデルを適用される次の地域であるかもしれないラテンアメリカでは、アメリカ合衆国の経済的政治的独裁にたいする反対が共有されており、それが新しい世代の国民的指導者たちにラテンアメリカ連合を構想させることになった。)

ソ連と東西ヨーロッパの変化は奇跡的なものではあったが、もちろん過去を消し去り全体主義の遺産を跡形なく払拭するようなものではなかった。ソ連の後の国家と新しいヨーロッパは、戦前の国民主義的な古い野心、民族紛争、ますます大きくなる住民間の多様性といったものにつねに脅かされている。評議会制度がもともと非常に強く大きな影響力をもつ国家においてすら、公的事柄に参加するという人びとの革命精神は、憲法や条約によって十分に保護されてはいない。ソ連のペレストロイカは、トップダウンの体制であり公的幸福をうながすことはほとんどなかったので、生き残る可能性が極めて少なかった。そうした過去の遺産が旧ソ連諸国の政治をしている。そこでは、ウクライナがそうであるように、革命的闘争が続いており、暴力は、あまりにもありふれたものになっている。なかでも、ロシアから流れ出した抑圧的暴力はいたるところに広がっている。アーレントが実に明確にとらえた古い課題——いかにして、公的事柄に参加する市民たちを参加させつづけ、非暴力的に意見を交換し、相互の約束をするという彼らの行為の圧力を上に向けて行使させつづけるか——は、国家的にも国際的にも、いたるところで課題のまま残されている。そしていたるところで、トップダウンの権威という古い形態と「歴史を作る」という暴力の古い構想を切望する諸力が、人びとの権力の足かせとなっている。全体主義の遺産は、かつてソ連であった諸国と新しいヨーロッパ諸国につきまとう亡霊なのだ。

アーレントが戦後の時期に人びとの権力と新しい始まりを最大に評価した人物であったことは間違いないのだが、その彼女でさえ、一九六八年以前のヨーロッパについては楽観的ではなかった。そしてわたしは、一九六八年の出来事の結果やその非凡な余波について知りつつ後戻りし、何を彼女が懸念していたかを検証することは、有益なことだと思う。彼女は、新しい政治的ヨーロッパの始まりや古いソ連の終焉を見ることなく死んでしまったが、晩年において彼女がたしかに目にしていたのは、かつてナチズムやスターリニズムに屈した国々で発展してきた、政治制度を脅かす重大な反政治的亡霊であった。彼女は生前にアメリカにおける同じ傾向を見てとっていた。晩年の彼女がたえず懸念していたのは、共和国の危機ということであった。

アーレントの懸念を探るために、わたしは一九六七年の彼女のあまり知られていないテクストに焦点を合わせることから始めたい。本章ではこれまで、『人間の条件』の活動、許しの権力、約束の権力を扱った節に注目してきた。しかし、『人間の条件』は、〈グローバリゼーション〉という単語が新しい現実を言い表す言葉として登場するずっと以前から、全体主義以後の時代における人間社会全体にかかわる議論を展開していた。そして、このグローバル化するテクノロジーに支配された社会という文脈においてこそ、彼女が吟味した共和国の危機という問題が起こっていたのである。

『原子爆弾と人類の未来』(一九五八年)という先見的な著書によってヨーロッパ中に名の通っていたカール・ヤスパースは、一九六八年よりも前に警告を発した数少ないヨーロッパ人の一人だった。彼は、全体主義の遺産がヨーロッパとりわけ西ドイツをどのような仕方で歪めているのかについて、懸念を表明していた。一九六六年に彼は『西ドイツはどこへ行く?』*Wohin treibt die Bundesrepublik?* を公刊し、それがベストセラーになった後では、西ドイツの主流派で彼を酷評した者たちに向けた『応答』*Antwort* を続けて出した。彼らは、彼が奮起させようとした公衆の感情をなだめようとしたのだった。アーレントは、まずその二つの本を翻訳し、それをアメリカの読者に向けて『ドイツの将来』*The Future of Germany* という一冊の本に編集する手はずを整え、それからその新版のための序文を書いた。彼女はそこで、彼の判断を要約し、ヴェトナムでの戦争に夢中になっているアメリカ人たちにとって、西ドイツで起こっている劇的な事件を無視することがいかに危険であるかを強調した。

彼女は、この「第二次世界大戦後のドイツで出版された政治的に最も重要な本」の主な論点が、アメリカの読者に衝撃を与えるだろうと分かっていた。彼女が望んだのは、その衝撃の大きさによって、ヤスパースや事態をはっきりと洞察することのできた二人の他のドイツの知識人——『シュピーゲル』という雑誌の発行者であるルドルフ・アウグスタインと小説家のギュンター・グラス——に、アメリカの読者が同意することだった。彼らが共有していた意見は、「西ドイツの連邦共和国が議会民主主義を放棄する途上にあり、ある種の独裁に向かっているのかもしれない」(49)ということだった。

かつてナチの外務省で高官を務めていたクルト・キージンガーが西ドイツの首相になったばかりだった。そして、同じ選挙で極右政党の国家民主党（ＮＤＰ）が急に突出し、それとともに、ヒトラーではなく国際的なユダヤ人が第二次世界大戦の勃発に責任があったのだと言いふらす人びとが現れてきた。ドイツの財務大臣フランツ・ヨーゼフ・シュトラウスはＮＤＰが主張する、戦後西ドイツが奪われていたものを取り戻すべきだという愛国ナショナリズムを歓迎した。（ＮＤＰは、現在とりわけフランスとオーストリアで影響力をもち反ユダヤ主義的主張を掲げたり、受けをねらって移民排斥を主張する極右政党の先駆けであった。）その一方で、西ドイツの二大政党であるキリスト教民主同盟と社会民主党は、反対派を封じることを可能にするような大連立を行った。アーレントは新しい出来事にたいするいつもの眼力をもって、その連立を「新しい統治形態」と見た。それはつまり、原《プロト》全体主義的な国家の一党独裁制ではなく、「ある種の二大政党独裁制」であり、ヤスパースの言葉で表現するなら、「政治屋たちの独裁」[50]であった。結局この新しい統治形態によって、もし実施されていたならば憲法を無効にしたであろう「非常事態法」が可決された。そのような緊急事態法のすべてと同様に（これには、ほとんど満場一致の二大政党の投票によって通されたアメリカの二〇〇一年の愛国者法もふくまれる）、その非常事態法も統治を行政府に譲り渡し、多くの市民的自由を侵食するものだった。しかし、その特徴と、他の事例にまさる脅威は、二〇〇一年の合衆国でそうだったように、そこに緊急の非常事態はなかったということである。

アーレントが強調したように、ヤスパースはたんなる類推的思考にふけって「ボンはワイマールである」と言っていたのでも、もう一つのナチの運動が勃興しそうだと考えたのでもなかった。そうではなく、彼は政府が広めている「ボンはワイマールではない」という弁護的な極り文句を拒否したのである。彼の判断によれば、政府のなかには、ヒトラーが政権を獲得する前の「ワイマール共和国の最後の数ヵ月を特徴づけていたものと著しく似ている」要素が存在した。これまでにない状況の新しさをはっきりさせるために、ヤスパースは次のように書いている。「ワイマール共和国では革命的な変化を求めて反国家的な諸勢力から生じていた脅威が、今は国家そのもののなかに存在している……［国家］自体が形を変え、ほかならぬ当時追求されていた目的を漠然と追求しているのだ。すなわち権威、権威主義的国家、独裁制を(51)」。

グラスが繰り返し警告していたように、ドイツの政治におけるこうした流れは、左傾化する若いドイツ人たちには深刻なまでによそよそしいものだった。彼が恐れていたのは、自分たちは政治家たちの独裁のなかで暮らしているのだと感じた若者たちが、ＮＤＰのナショナリストの右翼の過激派の対極である左翼の過激派を奉ずるのではないかということだ。そして、短期的に見れば実際にこうしたことは起こり、政府に不満を抱いた若者たちが――彼らの年長者たちのほとんどが驚いたことに――ヨーロッパの学生の反乱の指導者になった。しかし、学生たちは暴力的な革命を唱え、極端なマルクス・レーニン主義者の極り文句で語ったけれども、彼らがボン政府のワイマールに似た特徴に断固として反対していることもまた、明らかになった。彼らの運動は、ヤスパースの意見を共有している他の人びとが先に進むための空間もおし開いた。一冊の本がもちうる力よりもはるかに力強く、彼らはドイツの過去と未来についての公的な議論を──協同行動を通じて、つまり公共的集会やデモのなかで──前進させたのだ。そして、学生たちは、戦後の年月においてドイツで持続していた嘘、すなわち（アーレントの要約を使えば）「ドイツ人たちはけっして真にナチではなかった」という嘘を許容しようとしなかった。したがって、彼らは「過去の克服」という未完のプロセスを前進させたのである。もし学生たちが真実和解委員会のようなものを知っていたならばそこからも多くを得たにちがいない。政治的制度としては革新的なものではなかったが、学生の反乱は独裁制への漂流からドイツを救った。ベルリンの壁が崩壊した一九八九年の革命のあいだにも、その運動は最後までその生命力を維持しつづけた。真の左派政党である緑の党の浮上に助けられて、一九六八年世代の指導者たちがローカルな州の政府を経て連邦の官職へと昇進し、一九九二年にはヨーロッパ連合で政治的役割を果たすことになった。

そうしたかつての学生指導者の一人が、一九六八年にフランスから追放されてドイツで活動を続けることになる前には「赤いダニー」としてパリで知られていた、ダニエル・コーン＝バンディだった。アーレントとブリュッヒャーが一九三〇年代にパリに亡命していたときの友人の息子であるコーン＝バンディは、ドイツの政治家独裁の時期に、『全体主義の起原』を勉強していた。その理由を彼は後にインタヴューで語っている。「［一九七〇年代の初め］わたしは、共産主義と国民社会主義とを比較することに「ドイツ人たちのあいだで」抵抗があったということに当惑していました」(52)。反共産主義的な左翼であったコーン＝バンディにとって、その二つの全体主義が共有していたものについて嘘をつかないこと、共産主義がドイツの問題を解決するとは期待しないことは、重要だった。一九八四年にはコーン゠バンディは緑の党に基盤をもち、結果としてヨーロッパ議会の緑の党の共同議長になり、今もまだその地位にある。

コーン゠バンディが展開している論点は、一九六〇年代後半の世界的な学生運動についてアーレントが考察していた（わたしはそれを独創的だと思う）事柄を反映していた。『暴力について』のなかの一九六九年の彼女の分析は、ここで長く引用しておく価値があるだろう。なぜならそこで彼女は、「新しさ」について強調しているからである。

新しい闘士たちは、無政府主義者、ニヒリスト、赤いファシスト、ナチなどとして、そしてそれよりもはるかに正当には「ラッダイト運動的な破壊者」として糾弾され、学生たちはそれと同じくらい意味のない「警察国家」とか「後期資本主義の潜伏的ファシスト」というスローガンで、そしてそれよりかなり正当な言い方としては、「消費社会」というスローガンで迎え撃った。彼らの行動は、ありとあらゆる社会的心理学的要因のせいにされてきた——アメリカでは寛大に育ちすぎたとか、ドイツや日本ではあまりに権威主義的であったことにたいする爆発的な反動のせいだとか、東ヨーロッパでは自由の欠如、そして西ヨーロッパでは過剰な自由のせいだとか、フランスでは社会学を学んだ学生の壊滅的な失業率のせいだとか、合衆国ではあらゆる分野で職業があり余っているせいだとか——が、そのどれも局地的にはもっともらしく見えるが、学生の反乱がグローバルな現象であるという事実とは明らかに矛盾している。その運動の社会的な共通性を問うことは不可能だと思われるが、心理学的に見るとこの世代がどこでも、いちずな勇気、活動への驚くべき意志、そして同様に変化の可能性にたいする驚くべき信頼によって特徴づけられることは確かである。しかし、こうした特質は原因ではなく、世界中の大学でこのまったく予期せぬ展開をもたらしたのは何であるかを問うならば、いかなる先例も類似したものも存在しない［強調は筆者］という、最も明らかでおそらく最も有力な要因――技術の進歩が非常に多くの場合まっすぐに破滅に通じているという単純な事実、この世代に教えられ学ばれた学問は、自分たちが生み出した技術の破壊的な結果を取り消すことができないだけでなく、「戦争へと転換できないものなどない」という発展段階にまで達したのだという単純な事実――を無視することは馬鹿げている。……ようするに、抵抗不可能な技術と機械の増殖は、特定の階級を失業というかたちで脅かしているどころか、あらゆる国民の、そしておそらく人類全体の生存を危険にさらしているのである。

……［ノーベル賞を受賞した］ジョージ・ウォールドの言葉を借りるなら、「私たちが直面しているのは、未来があるということにけっして確信をもてない世代なのである」。なぜなら、未来は［スティーヴン・］スペンダーが［*The Year of the Young Rebels*, 1969 で］述べたように、「現在に埋め込まれ、カチカチ音をたて続けている時限爆弾のようなものである」からだ。この新しい世代は何者なのかという、よく耳にする問いにたいしては、このカチカチという音が聞こえる人たちだと答えたくなる。彼らのことをまったく否定しているのは誰なのか、というもう一つの問いにたいしての答えは、事態の真のありようを知らないか、それに直面することを拒んでいる人たちだろう、ということだ。(53)

ヤスパースが『原子爆弾と人類の未来』で書いていたことを補完するこの分析のなかで、アーレントは『人間の条件』で発した第二の深い警告音を響かせている。この警告は、哲学者や統治者が抱いている人びとの活動にたいする敵意についての彼女の警告と結びついた。一九五四年の講演での彼女の言葉を思い出しておこう。「今日、世界の中心的な問題は、大衆社会の政治的組織化と技術力の政治的統合である」(54)。

活動は、活動にたいする哲学的偏見によって弱められ、専制的、権威主義的、あるいは全体主義的な統治のなかでは人びとの国家的支配によって、ほとんど消去されかねない。しかし、活動は、活動的生活のなかで労働と制作があまりにも支配的になり、活動の余地がなくなるときにも脅かされるのだ。労働と制作に適した言葉でしか政治について考えない人びと、そして消費‐技術社会がどんどん進歩していることを賞賛する人びとは、それに応じて活動が欠落していくことにほとんど気づかない。

アーレントは『人間の条件』のなかで、全体主義以後の世界では、歴史的に類のない「消費社会」、「技術社会」、あるいは「労働社会」――彼女はこれらの用語をそれぞれ異なる文脈で使った――が出現していると主張していた。彼女にとって〈社会〉という言葉は、近代の産業革命以後の公的でも私的でもない領域に関連しており、そこでの労働と制作は、生活の必需品ではなく、先例のないほど過剰な商品を供給する営みや、破壊的な物もふくめてより多くの商品を作るための技術へと変容していた。さらに、この社会変容は逆説的な仕方で進むものでもある、と彼女は続けている。すなわち、とりわけオートメーション化における技術の進歩によって、多くの労働者たちは、産業革命ではおきまりの苦しく退屈な労働形態から解放されつつあったが、彼らはその際に労働の心的傾向から解放されていたわけではなかった。彼らはまた、思考や判断のもっと高度な形式にたずさわる可能性のために自由になっているのでもなかった。そのためには、彼らは改めて教育をうけて、自分の特異性を見せ自分たちが誰であるかを明らかにする機会をもたない人びとによって成り立つ大衆社会から浮かび上がることを必要とするだろう。それどころか、消費社会のたいていの人びとは自分自身のことを労働者、たんなる賃労働者 jobholder と見なしており、その点に関しては職人や活動あるいは思考にたずさわる人びとさえ例外ではない。彼らはみな、必需品を供給していると思っている行動を行い（それらの「必需品」が生活には何ら必要ではないときでさえ）、「生計を立てている」のである。アーレントによれば、「生計を立てている」人びとは、自由のなかで自分を目立たせることができず、自分が何を行っているのかを真に考えることができない。彼らは賃労働 job を行っているだけなのだ。官僚制は、思考が欠如した人間になるのに適した場所であるが、賃労働はどんなものでも、それを行う人間がたんに賃労働を行っているというかぎりで、うまく機能するのである。(55)

アーレントは、こうした状況がもつ同様に重要な今一つの次元を指摘している。高等な技術品を生産する科学者たちの多くもまた、自分たちの賃労働を行っている。そして彼らもまた、自分たちが何を行っているのかについて考えることが彼らの賃労働の一部だとは思っていない。アーレントの説明によれば、彼らが操作している「真理」は、数式によって説明し技術的に証明できる（すなわち技術に翻訳しうる）のだが、政治的言説や意見の交換を構成している種類の言葉で——すなわち、科学者たちが行い作ることができるものを人びとが議論するための言葉で——「概念的にあるいは明瞭に」語ることができない。彼女はそのことがもつ政治的意味を鋭く表現している。「もし知識（現代的な意味での技術的知識《ノウハウ》）と思考が本当に永遠に袂を分かつということになれば、私たちは機械の奴隷というよりも、むしろ技術的知識の救いがたい奴隷になるだろう。それがいかに凶悪なものであろうと技術的に可能なからくりの言いなりになる、思考をもたない生物になるだろう(56)」。

アーレントが『人間の条件』を書いていた一九五〇年代に、技術的知識によって、一九六〇年代の学生たちがそのカチカチという音を聞くことになる核爆弾が製造されたが、その他の形態の製造物もまた、アーレントにとっては、それまでの人間の条件の経験には例がなかった挑戦だと思われた。人類は宇宙に物体を送る実験を行い——一九五七年に〈スプートニク〉が打ち上げられた——宇宙旅行を想像していた。つまり、彼らは地球と、そこに住み地球を分かち合う生物であるという条件から離れることにあこがれていたのだ。彼らは試験管のなかで命を生み出し、人工授精によって遺伝的に改良された人間を作ることを想像した。生命の誕生をコントロールするというあこがれは、（病気を治癒するだけでなく）普通の寿命を延ばすことによって死をコントロールしたいという欲望とも符合していた。彼女はこうした挑戦をすべて列挙していたが、いつも核兵器に立ち戻ってそれについて考えることに最も集中した。もちろん核兵器が、すべての人間の条件に——生、地球、世界性、誕生、可死性、複数性に——脅威を与えているからである。

アーレントは人間の条件にたいするこれらの「反抗」の形態の動機を探究することはなかった（それは彼女が使った非常に政治的な言葉なのであるが）。しかし、彼女が一九五〇年代と残りの人生でたしかに明らかにしたのは、現代では思考は、「生計を立てる」労働の心性からも科学的制作者のノウハウ志向からも分断されていて、活動の運命はその文脈のなかでこそ考察されなければならないということだった。とりわけ、非全体主義国家あるいは全体主義以後の国家で起こりうる種類の悪化――それらはすべて政治屋たちの独裁という方向での悪化だったが――は、彼女が「イメージ作り」image making と呼んだもの、すなわち消費社会の商品生産技術（およびマーケティング）と、現代の科学技術の技術的知識における思考の欠如とが、政治生活にもち込まれるということを伴っていた。彼女によれば、堕落する共和国の政治屋たちは、自分たちの賃労働を行い、政治的な意思決定を、あたかも科学的計算もしくは理論の適用であるかのように扱ったのである。

政治屋の独裁は、まさしくアーレントが一九七〇年代初めのアメリカが漂流しつつある方向だと見なしたものだった。彼女はヤスパースが行ったようにそれに応答し、警告を発した。彼女は、来るべきアメリカ革命二百周年を記念したボストン公会堂のフォーラムでの講演「身からでたさび」のなかでそれを行った。[57] アーレントはこの口語的なタイトルをつけたスピーチのなかで、二つの決定的な全体主義の要素が、ヴェトナム戦争中の「異常な年月」とアメリカが被った「不名誉な敗北」（彼女はそれを正直に敗北と呼ぶことを主張した）をとおして現れたと論じた。第一の要素は、現実にまったたく関係のないイメージを維持する必要性だった。そして第二の要素は、そうしたイメージのために嘘をつく必要性だった。アーレントは、国防総省秘密報告書《ペンタゴン・ペーパーズ》について書いた一九七一年の長い記事（「政治における嘘」）を引き合いに出しながら、ヴェトナムでの合衆国の軍事的拡大を進め最後まで嘘でそれを弁護した政治的指導者たちは、無敵のアメリカ軍事力というイメージを守ろうとしていたのだと強調した。彼らのイメージは「地上最強の国民」というもので、そのイメージと、それを裏切らない能力のことを意味する「信頼性」と呼ばれるものよりも重要なものは何一つ——行方不明の軍隊であれ、浪費された資源であれ、犠牲となった市民であれ——存在しなかった。

彼女の長い議論によれば、全体主義のイデオロギーがテロルを要請したのは、友と敵の区別を強化し、それを私的生活および公的生活のあらゆる側面に広げることだった。しかし、イメージを維持することは、もっと陳腐なもの、すなわち広報、マディソン街〔広告代理店が集中する地域のこと〕の「隠れた説得力」、注意深く編曲された嘘を必要とした。テロルとイメージ宣伝に共通しているのは、それらが必然的に主義として嘘をともない、政治のなかに犯罪を侵入させてしまうということである。しかしイメージ宣伝は、独裁的な政治家たちによるゆるやかな全体主義である。彼らは、市民たちが権力とひきかえに得る安全と保護のイメージ（リヴァイアサンのイメージ）を宣伝することによって、そして嘘（それには多くの派生的嘘が続く）を土台としてそうしたイメージを築くことによって、国家を内側から掘り崩すのである。

イメージ宣伝は、政治生活の悪化の「最も残酷な」形態ではないし、人びとはそれを全体主義の全体的テロルの残酷性と類比させて考えるために、あまり深刻ではないものとして判断しがちである。しかし、イメージ宣伝は政治生活全体を崩壊させかねない。それはまさしく陳腐な悪なのだ。一九七五年の講演でアーレントは次のように言った。「一九六五年にジョンソン［大統領］が野放しにしたこの破壊的な戦争の究極の目的は、権力でも利益でもなく、ましてや特定の具体的な利益に役立つようなアジアにおける影響といった現実的なものではありませんでした。そうした利益のためには、威信や適切なイメージが必要とされ、意図的に使われるものなのです。この戦争は、拡大や併合を求める帝国主義的な政治ではありませんでした。［国防総省秘密報告書で］語られる物語からかいま見える恐ろしい真実は、イメージそのものが唯一不変の目標になっていたということです。……実際にグローバルな政策としてのイメージ作りは、巨大な在庫をもつ歴史に記録された人間の愚行のなかでも、新しいものなのです」[58]。こうした言葉は今の私たちには恐ろしいほど馴染みのあるものとして響く。なぜなら「地上で最強の国民」というイメージは、ライバルの超大国ソ連が消滅したことによって強化され、ふたたび私たちの国アメリカのグローバルな政策を導いているからだ。しかも、かつて互いを区別できていたものを失ってしまい、また行政府と論争する気もなくしてしまった二大政党がそれに賛同している。しかし、今日演出されているイメージには、新しい強調点がつけ加わっており、それが世界中で深い憤慨をひき起こしている。それは、地上最強で、神が与えた民主主義を教える――あるいは押しつける――能力を最も備えた国家というイメージである。

現象のなかの新奇な側面を抜き出すという彼女がよく行った手続きにしたがって見ていくと、合衆国政府の官僚は、戦争前も戦争がどんどんエスカレートしていた時も、彼ら自身の情報局からヴェトナムの状況を正確に評価するために必要な情報をすべて得ていたにもかかわらず、それを無視した。「事実と決定のあいだ、情報局と軍属や軍部のあいだに関係がないことが、おそらく『国防総省秘密報告書』が明らかにした最も重要で最も秘匿されている秘密だろう」。ようするに、彼女の判断は次のようなものだった。「南東アジアで敗北したのは、《政策決定者》というよりもコンピューターだったというような印象をうけることがある。問題を解決する人は判断していたのではなく、計算していたのだ」[59]。

アーレントはしばしば、アイヒマンの思考の欠如にうながされて、自分は晩年になって『精神の生活』の「思考」の部分を書いたのだと語った。しかし彼女がその偉大な本の「意志」と「判断」の部分を書かないではいられなかった原因は、彼女が深く長い間考えつづけてきた問題、すなわち反政治的態度という知識人がかかえる大きな問題――それは、全体主義的独裁と共和国での政治屋の独裁の知的起原でもある――とは、判断にたいする敬意の欠如や判断そのものの欠如である、という認識にあった。恣意的なイメージを勝手に押しつけることが想像力にとって代わり、計算が判断にとって代わった時、生活から政治は奪われたのであった。

3

『精神の生活』について考える

アーレントのどの本にも、彼女が考察しようとしている事柄を考え〈ない〉でおく仕方についての省察がふくまれている。彼女は、新しい統治形態を理解するための実践マニュアルである『全体主義の起原』でも、予言をふりまく思考を拒否する次のような悲観的な文章で始めていた。「この本は、向こう見ずな楽観主義、向こう見ずな絶望というどちらの背景にたいしても反対して書かれている。進歩と破滅は同じメダルの表裏であり、それはどちらも信仰ではなく迷信だと思われる」。数頁後に、もう一度彼女は、考えないでおく仕方について論じている。「理解〔後の彼女なら判断と言うだろう〕とは、法外なものを否定したり、先例のないものを先例から推論したり、あるいはリアリティの衝撃や経験のショックがもはや感じられないような類推や一般化によって現象を説明したりすることを意味しない。理解とはむしろ、私たちの世紀が私たちに与えた重荷を意識して検証し――その存在を否定したり、その重さに従順に屈するのではなく――それに耐えることを意味する。ようするに理解は、リアリティ――それがいかなるものであれ――を前もって考えてしまうのではなく、それに注意深く立ち向かい、抵抗することを意味するのである」。彼女の絶望感が少なくなり、世界への愛という慎重な楽観主義にもとづいて『人間の条件』と『革命について』を書いた一九五〇年代後半と一九六〇年代には、アーレントは政治哲学の概念的な遺産を拒否して、その代わりに、「私たちが行っていることを考える」のに適した新しい概念の手引きを書き、それによって「新しい政治の学」を提示したのだった。(1)

晩年にアーレントは、もっと持続的で体系的な方法で、人間の精神的な営為に注意を向けるようになった。『精神の生活』のなかで、彼女は、いかに思考し、意志し、判断するかを研究した西洋の哲学的遺産全体をふり返り、そのほとんどを拒否した。少数の範例的な哲学者、つまり彼女の意見ではリアリティと向きあうことができて、哲学者であると同時に政治的な市民でもありえた哲学者たちと内的な対話を行いながら、彼女は新しい政治の学ではなく、哲学と政治をいかにして再結合できるかということをめぐる新しい構想を書いた。私たちが行っていることを考えるというプロジェクトから、思考し、意志し、判断する時に私たちは何を行っているのかを問うプロジェクトへと、彼女は移行したのである。

『全体主義の起原』を書いている時、アーレントが考えたのは、思考と判断の最も有害な悪用はイデオロギー的推論であるということだった。それは、あたかも未来――千年王国――を見たり知ったりできるかのように、自然あるいは歴史の未来を引き合いに出し、「進歩」を崇拝する思考である。しかし、彼女が、第二次世界大戦が終わってからの歳月よりもずっと警戒的になっていた一九七〇年代初めに確信するようになったのは、人びとが世界の現実との接点を失うには、未来志向のイデオロギー的な「超意味」に賛同したり、あるいは通常の論理的思考の束縛から脱線する必要はないということだった。現実との接点を失うには、それよりもはるかに陳腐なもの、彼女が「イメージ」と呼ぶようになったもの、今の私たちであれば現在の虚構を未来へ投影する心性として定義しうるもの、つまり暴力を潜在的にふくんだ願望、あるいは意志による思考一つあれば十分なのだ。

『イェルサレムのアイヒマン』をめぐる一九六〇年代の論争に巻き込まれた経験によって、アーレントのこうした洞察には、個人的な次元が加わっていた。彼女や彼女の本にたいしてネガティヴ・キャンペーンを行っていた者たちは、彼女の本についてのイメージ——彼女が実際に書いていたことを積極的に否定するイメージ——を作り出し、そのイメージを宣伝し、議論を彼女が書いていた内実からそらしてイメージの方へと誘導した。後に、ドイツの「二大政党の独裁」への転落と、ヴェトナム戦争でのアメリカの行動に直面した時、彼女はその感覚に磨きをかけて、イメージ作りがいかにして行われ効果を発揮するのか、とりわけそれが根本的な嘘、現実の否定にいかに依存しそれを永続させるかを把握した。「ドイツ人はナチではなかった」。「北ヴェトナムが最初にわれわれを攻撃した」。今日ならこう加えることができるだろう、「イラクは大量破壊兵器をもっている」と。

新しい経験に向きあうことで、この場合には、ある独特の嘘と判断力の欠如が何であるのかを見据えたうえで、アーレントはいつものように哲学的な問いへと考えを進めた。「判断する時、私たちは何を行っているのか」という問いは、アイヒマンの無思考性が彼女によび起こした「考えるとはどういうことか」という問いとパラレルである。彼女は、アメリカの政治におけるイメージ作りを、無思考性に似た判断の欠如として鋭く批判する文章を書いていた時期に、彼女の著作のなかでおそらく最も難解な『精神の生活』にとりかかっていた。ここでわたしはその本に目を向け、それを彼女の警告の書として見ていきたい。私たちはそれを非常に政治的な哲学の書として読むことができる。

アーレントがかつて「ある意味では『人間の条件』の続編である」と呼んだ『精神の生活』は、多くの理由によって、彼女の著作のなかで最も読解や考察が難しい本である。一つには、彼女は生きているうちにそれを書き終えなかった。そして、ほとんど完成していた「思考」と「意志」の部分の草稿は、彼女の死後友人のメアリー・マッカーシーによって見事に編集されたにもかかわらず、もし彼女がそれを修正できていたならば実現されていたであろう体系的な明確さがない。書かれなかった第三部は、判断力に焦点を合わせていたはずであり、実際にこの本の存在理由はそこにあった。『人間の条件』で彼女が労働や制作について語ったことが、それまで概念として無視されてきた活動を復活させるために役立ったのと同じくらい、先に書かれた思考と意志についての部分は、その第三のものを際立たせるという目的のために役立つはずだった。彼女は『革命について』で、いかにしてアメリカ建国の父たちが思案を重ねたうえで、「意見のための永続的制度」である上院と「判断のための永続的制度」である最高裁判所を構想するにいたったのかを描きながら、その一方で次のように書きとめていた。意見と判断は二つの「政治的に最も重要な精神的能力」であるが、それらは「哲学的思考だけではなく政治的伝統によってもほとんど完全に無視されて」きた、と。(2)

このように観察した時、アーレントはすでに判断の軽視という西欧の精神史のなかで通例となってしまっている陥穽にたいする偉大な例外を研究しはじめていた。カントの『判断力批判』は彼の三批判書の最後の書であり、フランス革命後まもない一七九〇年に公刊された。カール・ヤスパースが『大哲学者たち』に追加したばかりだったカントについての啓発的な研究は、彼女の確信を強めた。アーレントは、一九五七年にヤスパースにたいして、この第三批判には「カントの真の政治哲学が隠されている(3)」と述べていた。つまり、『精神の生活』の読者は、彼女の書かれなかった「判断」の部と、カントという源泉に隠されていると彼女が考えたものとを想像してみなければならない。これからの数頁ではそのような想像の旅に出かけてみようと思う。

しかし出発の前に書きとめておきたいことがある。彼女のこの最後の著作にはもう一つの特質があり、それによって、この著作を読むことは、公開性に欠ける何か、隠された私的な何かを経験することになる。その著作は、彼女にとって最も重要だった――生きている人も死者となった人もふくめて――哲学者たちとの彼女の対話を強烈に反映しており、こうした関係性と結びついた喜びと悲しみの感情がその響きにふくまれている。「思考」と「意志」の部分では彼女はハイデガーと対話し、彼が二つの営為を無世界的に同一視したことを拒絶する姿勢を表明している。「判断」の講義ノートでは、カントとヤスパースとハインリッヒ・ブリュッヒャーが彼女の共鳴板であった。わたしはこのことをその時期のわたし自身の記憶から思い出すことができる。

一九七〇年の秋、バーゼルで八六歳のヤスパースが亡くなってから一年余りが過ぎたころだったが、アーレントはニュースクール・フォー・ソーシャルリサーチで二つの授業を行った。カントの政治哲学についての講義と『判断力批判』についての演習である。ジェローム・コーンとわたしはそれらの授業を一緒に履修したが、学期の始めに私たちが気づいたのは、彼女がそれを通じてヤスパースとある種の仮想対話を行っているらしいということだった。（後に、ヤスパースの哲学を概観する博士論文を書くようにわたしに提案した時、彼女は「こうしたカントについての事柄すべて」をめぐってしばしばヤスパースと対話している、とわたしに語っていた。）わたしの見たところでは、当時彼女が最も魅了されていたヤスパースの本は、『歴史の起源と目標』である。初版は一九四九年、彼女がちょうど『全体主義の起原』を仕上げようとしていたころに公刊された。

まさしく「歴史の起源と目標」というタイトルは、過去と未来のあいだの思想家であるヤスパースをうまく位置づけている。アーレントの師が「世界市民的な意図をもって」最もはっきりとカントの歴史観ととり組んだのがその本であった。ヤスパースは具体的に、そして実証的に、ローマ帝国が成立する前の時代、すなわち紀元前六〇〇年からヘレニズムが支配的になるまでの時期を探究した。その時期、中国、インド、ペルシア、パレスチナ、ギリシアの人びとのなかから賢人、預言者、哲学者が現れた。彼らは〈自由に〉思考し、それまで受け継がれてきた神話的な伝統の外部に立ち、人間の活動や新しい始まり、さらには分かち合われた世界である〈コスモポリス〉での人びとの新しい関係性を想像した。ヤスパースはこうした先哲たちの現代における後継者——私たち読者——が、いかにしてこうした「枢軸時代」の範例を活用することができるのかを問題にしたのである。一つの方法は、現代のヨーロッパやアメリカやソ連の人びとがどのようにして自分たちの科学的功績、技術的知識《ノウハウ》、技術革新によって世界を支配し、その結果グローバルな一体性とコミュニケーションという新しい時代の条件と、全体主義や冷戦をもたらした条件との両方を生み出すことになったのかを批判的に問うことであった。どのようにして新しい世界秩序——複数性を否定する世界的な暴政にならざるをえないような世界政府ではなく——が、グローバル・コミュニケーションと破壊的な核の脅威の並存という特徴を抱えながら、「一つの世界」という技術的現実の可能性と危険性にたいする共通理解にもとづいて生み出されうるのか、と。一九四九年、荒廃したヨーロッパ国民国家の瓦礫のなかでヨーロッパ連合への長い道のりが始まったばかりのころ、ヤスパースは完全に主権というものを放棄した諸国家の連邦を想像し、一九五一年にアーレントは、国際礼譲という構想を引き合いに出すことによって彼に応答していた。

アーレントのヤスパースとの想像上の対話は、一九七〇年秋学期の初めに行われた彼女のカント講義を特徴づけていたが、学期半ばにその講義には変化があった。アーレントの夫であるハインリッヒ・ブリュッヒャーが心臓発作によって突然亡くなり、彼女は告別式や追悼式——それは、五年後に彼女自身が亡くなるまで実際には終わることのなかった哀悼の始まりだった——のために数週間姿を消した。授業に戻ってきた彼女は、動揺し、喫煙をコントロールしようと努め、黒い〈未亡人の装い〉*Witwentracht* をまとって、かなり弱って見えた。彼女の思考がブリュッヒャーからけっして遠く離れようとしないだろうことは明らかだった。『精神の生活』の「判断」の部分のために彼女が残した資料は、あのカント講義から展開したものだったが、それは同時に彼女のブリュッヒャーへの〈賛辞〉であり、哀悼行為でもあった、とわたしは思う。

ヤスパースと同様、彼女の夫は彼女にとって優れた判断力の模範、範例であった。彼女が草稿のなかで美しく論じているように、判断は規則にしたがうのではなく、いつも構想力のなかに出現する範例を必要とする。さらに、ブリュッヒャーの優れた判断力の背後には、ソクラテス的思考への情熱があった。それについて彼女はすでに「思考と道徳の問題」という名のエッセイで詳細に論じていた。『精神の生活』の最初の部分となったこのエッセイのなかで、彼女は、バート・カレッジでブリュッヒャー自身が行ったソクラテスについての講義——その一つは彼女たちの往復書簡集に収録されている——にそれとなく言及している。アーレントの最後の本は彼女たちのコラボレーションとして始まり、彼の死後は彼女の精神のなかでの共同作業として続いた。私たちは、『精神の生活』に出会い、技術的に統合された今日の世界にとってなぜその本が重要なのかを問う時、彼女が行っていたこうした対話的な精神生活に思いをはせなければならないのである。

アーレントが彼女の経験にもとづいて語ったように、判断は他の精神的能力のどれにもまして、他者との関係性のなかで行使されるものである。それは、物理的に、あるいは想像のなかで他者を訪れ、彼らに相談し、彼らの観点から物事を見て、彼らと意見を交わし、彼らを説得し、(カントの魅力的な言葉で言えば)彼らを口説くことをふくんでいる。判断は世界のなかでは意見として現れ、世界に存在する意見の複数性に加わり、またそれを反映する。精神的に、あるいは世界のなかで、あるいはその両方において、こうした種類のコミュニケーション経験、（カントの言葉で言えば）「拡張された思考の仕方」をもつことによって、人は主観性や他者の同伴のない理解の仕方を超えて、共通感覚として知られるものに到達することができる。（カントの言葉では、共通感覚 *sensus communis* は、物事についての人間の共通の理解であり、私的感覚 *sensus privatus* と対置されていた）。共に活動することが、独りでは誰ももてない「権力の拡大」を人びとに与えるように、判断力 *Urteilskraft*（その意味は文字通り「判断の力《パワー》」であり、たんなる「判断の技能《クラフト》」あるいは判断の技法ではない）は、彼らに世界や他の人びとの経験を与え、その経験は、彼らを精神的に強力にする。つまり、彼らの精神を広く旅したものに、孤立しているのではなく結びついたものに、地方的ではなくコスモポリタンなものにする。判断力は、人をカント的な理想である世界市民となるべく準備させる能力なのである。

判断力は他の精神的能力よりも、人間の複数性という条件に私たちを適合させ、（活動が誕生に「存在論的に根ざしている」ように）複数性に根ざしている、と言いかえることもできる。アーレントが強調したように、判断することは、他者の観点から世界がどのように見えるかを理解する能力を前提にしている。これはそのまま他者の判断を採用したり、他者の意見に賛同したりすることを意味しているわけではないし、ましてや、他者の経験に感情移入したり他者の心を読みとったりすることを意味するわけでもない。それが意味するのは、構想力を使って他者の立場から物事を見るということに他ならないのだ。（後で見るように、判断力と構想力とは連結した能力である。）ジェローム・コーンが編集した「道徳哲学の諸問題」という講義のなかで、アーレントは次のように述べていた。

「わたしが思考のなかで現前させ判断のなかで考慮できる人びとの立場が多ければ多いほど、［わたしの判断は］より代表的な representative ものになるでしょう。そのような判断の妥当性は、客観的なものでも普遍的なものでも、個人的な気まぐれに依存する主観的なものでもなく、相互主観的で代表的なものなのです。この種の代表的な思考は、構想力をとおしてのみ可能となるのですが、ある犠牲を要求します。カントは言っています。《他者のために私たちは自分自身を放棄しなければならない……》。［私たちが］言葉のもともとの意味で思慮深い considerate ならば、私たちは他者の存在を考慮し、彼らの同意を得るように努めなければならないのです」。カントがコスモポリタニズムを賞賛し、世界市民権が何を意味しうるかを想像した最初の哲学者であったのは、彼が共通感覚をそれだけ高く評価していたからだった。カントの言葉のなかには、ロマン派的な自己専念という、アーレントが後年大いに批判したテーマの響きを聴きとることができる。「利己主義にたいしては、複数性によってのみ抗することができる。複数性という精神的枠組みのなかでは、自己は、あたかもそれが全世界であるかのように自身に包まれてしまうのではなく、自身を世界の市民と見なすのである(4)」。

判断は多様なかたちで現れ、認識、科学、美、道徳などさまざまな領域で作用する。しかし一般的には、判断はいつも、個別的な形態と普遍的な形態のあいだの関係を見いだす営みをふくんでいる。たとえば、わたしが今述べたように、判断の個別的な形態があるとすると、私たちは、それらについて何かを普遍的に語ることができる。つまり、それらはすべて、「判断は個別と普遍を関連づける」という問題と考えることができる。カントの言葉で言えば、その時わたしは〈反省的に〉reflectivelyに考えていたのである。さまざまな個別的な判断のタイプがあっても、それらすべてを注意深く見ていくならば、何か共通するものがあると分かるだろう。

しかし、私たちは、普遍から始めて個別へと向かうというかたちで、〈演繹的に〉deductively判断する場合もある。例をあげれば、認識的な領域では、私たちが何か個別的なもの――たとえば橋――を認識する時、私たちは橋の普遍的な図式 *Schema*（カントの言葉）を念頭に置いている。それによって私たちは、「これは橋である。これはその普遍的な図式の個別の例である」と言うことができる。私たちが今ある規則（通常は「汝殺すなかれ」のような否定的な形式をとる）をうけ入れ、そこから個別の行為の成り行き（わたしはこの人を殺すことはできない）を演繹する時はいつも、それに似たような作用が道徳的領域のなかで起こる。論理的推論、三段論法の使用もまた、演繹的に作用する。あなたは、「すべてのバラは美しい。この花はバラである。したがってそれは美しい」という三段論法を使うかもしれない。(5) しかしもちろん、「これは美しいバラだ」と感嘆する時、あなたは――哲学科であまりにも長く人生を過ごしすぎたのでなければ――この手の三段論法を使ってはいないだろう。なぜなら、「これは美しいバラだ」は美的判断であり、カントの『判断力批判』が詳しく示しているように、美的判断は演繹的にではなく反省的に作用するからである。美的判断は普遍的図式や規則の適用にかかわる事柄ではない。

美的判断は、個別の現象があなたに印象を与えた時に始まる。それは、あなたの注意を惹きつけたことで、フランス人の言う〈見られるもの〉*chose vue* となり、あなたの注意をとらえ、あなたを驚かせると同時に、自分が判断に達しようとしていることを自覚させる。わたしは、わたしが見たもの（あるいは触れたり、聞いたり、匂ったり、味わったりするもの）で何を行っているのだろう。カントは、趣味 taste は伝統的に判断一般のための隠喩を供給してきたと注釈している。私たちは何かを味わい taste、その味わい（それは自分自身を試すこと tasting のようなものである）を主観的に享受したりしなかったりする。さらには、自分たちのその趣味 taste をよしとしたりしなかったりする。（自分の判断を反省的に判断するというこの最終段階は、あらゆる種類の判断において作用することができる。）自分の判断を伝達するために、私たちは「これはいい味をしている」とか、「これは最高の味の料理だ」とか、あるいは隠喩的に「ああ、私の趣味 taste にとっては、これは最高の絵画あるいは最高の演奏だ」と言う。味覚（嗅覚や触覚には似ているが、視覚や聴覚には似ていない）は本来識別する感覚である。そして味覚はその対象とあまりにも一体化しているので、いわば接触しながらそれを享受したりしなかったりする。つまり、味覚は、もし判断に達し、さらには判断の是非に達しようとするならば、対象との距離がそれよりも大きい視覚あるいは聴覚以上に、直接的で主観的な、気に入るか気に入らないかという識別の域を超える努力をしなければならない。判断するための距離あるいは余地をかちとる努力は、構想力によって担われている。その構想力が、感覚の対象の表象が成立することにおいて働いているのである。構想力は、対象を私たちの内的世界で思考しうるものにするが、同時に対象を内的に「感じられる」ものとし、その是非を反省されるものへと準備する。これが反省的判断力の営為である。（構想力は、熟達した従者 *virtuoso servant* として、思考や意志や判断が世界から後退したり退却したりするのを助ける。つまり、構想力は選択し決断する意味に先立ってイメージや対象も設定するのである。）

美的判断における世界からの退却は、美的判断の自由には不可欠である。しかし、それは、カントが「没関心性」と呼んだある種の公平性を美的判断に与えてもいる。彼がそれによって言いたかったことは、物事には、それを使用したり、制御したり、支配したりすることへの欲求や必要性をともなわないものがあるということを、強く主張することであった。公平性、没関心性、伝達可能性のそれぞれが、反省的判断に決定的な特徴を与えている。とくに公平性は、歴史家や物語作者にとって重要である。それによって彼らは、たとえば戦争での両方の側の経験を認識し、アカイア人とトロイア人、ギリシア人とペルシア人、キリスト教徒とイスラム教徒の両方を賛美することができる（そうした公平性はおそらく、古代以上に今必要とされている）。

演繹的判断と反省的判断を区別することで、カントは目先がきく診断者ぶりを示した。演繹的判断を行えない者は愚者であると彼は言う。知力のある人間なら誰でも、あらかじめ存在する普遍的なものに個別的な存在を適合させることができるはずである。橋を見て「これは橋だ」と言い、花を選ぶ時に「これはバラだ」と言う。あるいは、もっと複雑な例をあげれば、一人の人間あるいは一つの党派がすべての人びとに服従を命じる体制が、軍隊やメディアを支配し、反対者を抑圧しているのを見る時には、「これは独裁だ」と言うことができなければならない。愚者に起こるのは、与えられた個別のものに特定の図式あるいは普遍性を適用する時、どの規則にしたがえばいいのか分からなくなり、無限後退に陥ることである。つまり、規則を適用するための規則に頼ることができないということである。見事な診断者ぶりを見せながら、カントは冷淡に（そして彼にはめずらしい悲観的な態度で）わたしが先に引用した注釈のなかで、「愚かさにつける薬はない」と述べている。[6]

他方でカントは、反省的判断を行えない者は愚かなのではなく、むしろ〈正気でない〉のだと言う。特定の感覚を経験し、ついでそこから後ろにひき下がり、それを表象し反省して、それについて共通感覚において知られているものと比較し、判断の「拡張された思考の仕方」を享受し、その是非を問うこと。これこそが正気であることの本質的な特徴である。こうしたことが欠如している人たちは、「あたかもそれが全世界であるかのように、自己がそれ自身のなかに包まれてしまうような精神の枠組み」のなかにある人たちなのである。[7] 現代の精神分析医がほとんど気づいていないことなのだが、カントの診断は、彼らがフロイトの仕事にもとづいて狂気を理解しているその内容を先取りしていた。精神病者とは、現実を認識できず、空間と時間のなかで方向を定めることができず、他の人びとと精神的な結びつきをもっていない人である。精神病者の精神は、あたかもそれが全世界であるかのようにそれ自身のなかに包まれている。正気でないことにたいしては、幸いにもつける薬がある。治療のための薬と政治的な薬である。そのどちらも世界疎外を克服し、人びとを分かち合われた世界に再び結びつけることをふくんでいる。人びとを共通世界につれ戻すためには、分かち合われた活動や生き生きとした議論のなかで権力が大きくなるという経験にまさるものはない。

もし反省的に判断できない人が正気でないというならば、このことはもちろん、反省的に判断する能力が正気の基本的な特徴だということを意味している。そしてアーレントは、こうした考えを極端なまでに押しすすめた。結果として、彼女が主張したのは、同時代人や、歴史上あるいは文学上の人物から仮想的に友人の集まりを作り上げ、それによって判断という拡張された思考の仕方を生の特徴にするべきだということだった。この能力は、よく生きるための能力である。友人たちは、優れた、あるいは強力な反省的判断を行う者、つまり、範例的な審判者であるべきである。そして、彼らを選ぶ人も彼らをそのような人として判断できなければならない。判断力によって友情の織物が作り上げられるのだ。

アーレント、ヤスパース、そしてブリュッヒャー――友人の小さな集まり――は皆、『判断力批判』に引きよせられた。その理由は、彼らがとくに美学に関心をもっていたからではなく、カントが美的判断と反省的判断一般について発見した事柄は、彼らが関心をもっていた領域、政治的判断と道徳的判断の領域に直接移しかえることができる、と確信していたからだった。カント自身は道徳的判断については正反対の見方をしていた。彼は、道徳的判断は演繹的であるべきだと信じていた。究極的には普遍的規則が、つまり（万人によってうけ入れられ、全体としての種に適用される）普遍的であるべき定言命令が存在するのである。この定言命令は、誰かがある特殊な事例において何を為すべきかを知ろうとした時にはいつでも適用可能なのだということである。人びとは彼らの行為の格率が、人類全体のための規則となりうるように行為しなければならない。

アーレントがいつも感銘をうけていたのは、カントはモラリスト、すなわち道徳的規則を適用する者としてフランス革命という当時の最大の出来事を考えた時、革命に反対したということだった。彼の『実践理性批判』の最重要項目である道徳律にしたがう者は誰一人として、革命的行為に携わろうとしなかった。なぜなら、そんなことをすれば、人は喜んで革命的行為（と暴力）を人類の規則にする、と述べることになってしまうからである。しかし、注視者 spectator として革命を観察する時には、彼はそれにはなはだしく熱狂し、全世界がその出来事を見ていることに感激したのだった。そこには拡張された思考の仕方が生み出されていた。彼や非常に多くの傍観者たちが感じた共感を考慮しながら、カントは、彼らの共感が人類における自由への道徳的性向を反映しているのかどうか知りたいとさえ思った。彼は注視者として、他の注視者と一緒に、革命の重要性――新しさ、先例のなさ、革命的なもの――に気づいたのである。

アーレントは、カントの分裂した反応をじっくり考えて、注視者としての彼の感情――活動にたいする彼の興奮と喜び――を理解することが、政治的判断と道徳的判断を理解する助けになるのかどうか自問した。こうした種類の判断は一般的な規則にしたがうものでも、演繹的に進められるものでもない。「これは二大政党の独裁である」といった政治的判断は、あらゆる種類の政党独裁制の図式や概念や要素のすべてが知られている場合ならば、演繹的に生じるかもしれない。しかし、しばしば――とりわけ先例のない現象では――政治的判断は、反省的に行われなければならないことがあるし、彼女が一九六〇年代後半のドイツの新しい二大政党独裁の分析において実際に行ったように、普遍性や概念を探し求めなくてはならない場合がある。同様に、もし「汝殺すなかれ」という戒律がうけ入れられるならば、あるいは道徳律に同意が得られるならば、「この人を殺してはならない」というような道徳的判断は演繹的に達成されるだろう。道徳的規則は、すべてが新しく予測できないような活動の領域とは違った、反復される行動の領域で適用される。しかし、もし規則がうけ入れられなかったり、規則を適用するための規則が知られていないならば、演繹は不可能であろう。アーレントはもちろん、多くの人びとが道徳的規則や、たった一つの命令であってもそれをうけ入れたがることに気づいていた。しかし、それまで広く認められてきた道徳的規則のすべてが、出来事によって役に立たなくなったり、悪化したりした歴史的状況においては、道徳的規則や演繹にもとづいて何を行うべきかを決めようとすることが、無意味であったり、危険なものになりかねなかったりすると考えた。

道徳的規則、たとえば「汝殺すなかれ」というような戒律は、本来ならこの規則が適用されるべきなのに、実際にはその反対に殺人こそが日々の命令や事実上の規則になり、全体的テロルが君臨する政権がキリスト教の国で成長しうるということが明らかである時、どのような善であるといえるだろうか。ドイツにおいて全体主義政権に抵抗し、殺人という仕事を拒否することができた人びとを導いたのは、これらの規則であっただろうか、とアーレントは自問する。抵抗者を抵抗させえたのは何だったのか。何によってヤスパースは抵抗することができたのか。もしヤスパースや他の抵抗者たちが規則にしたがったのではないとするならば、いかにして彼らは判断を行っていたのだろうか。彼女は問いを別の仕方でも提示した。アイヒマンが裁判でカントの定言命令を暗誦し、カントの意図を逆用して、全人類の行為を決定すべき規則を総統の意志に置きかえたのを聞いた時、彼女は自問したのだった。この男は結局のところ日々の規則に専念し服従する順応主義者であったからこそ、悪を行ったのではないのか、と。

わたしは道徳的判断の領域に戻ろうと思うが、一点だけここで強調しておきたい。アーレントは、カントが反省的と呼んだ判断力の様式を探究した時、彼女自身の政治的思考と判断の様式も探究していた。反省的判断力は、一つの個別性から始まって、普遍性に達するためにそれが他の個別性と結びつけられなければならないことがあるが、検証の果てに普遍性に適合しないことが分かるような特殊から始まる場合もある。たとえば、モンテスキューの『法の精神』のなかに、アーレントは統治形態の目録を見ている。民主政、寡頭政、君主政、暴政――多数者による統治、少数者による統治、一人による統治、暴君による統治――それぞれが特定の原理によってつき動かされ、それぞれが特定の徳によって支配され、それぞれが重要な欠点あるいは短所をもっている。(ようするにモンテスキューは、統治を認識するための図式をつくり出したのである。) しかし、全体主義を研究するなかで彼女が発見したのは、それが、モンテスキューの手引きのどの一般的なタイプにも適合しないということだった。さらに、全体主義は、あらゆる統治は一人の人間あるいは集団による他の人びとの支配をともなうという、通常うけ入れられている普遍性に合致しなかった。これは、先例のない「誰によるのでもない支配」、あらゆる政治生活を破壊した特定の統治形態、反政治的政治だった。結果として、『全体主義の起原』は全体主義の図式(理念型)を新たに与えることになった。同様に、彼女は革命を研究し、二つの図式――アメリカ型の革命とフランス型の革命――を考案した。それによって私たちは、私たち自身の時代の歴史において、「連帯」と一九八九年の中央ヨーロッパのビロード革命を、革命の図式に包摂できない特殊なものとして、先例のないものとして認識することができるのである。

政治思想家としてのアーレントの最大の才能は、新しいものを特定し、それらを探究し、その探究が普遍性をもたらした時には、その普遍性を明確に表現するという点にあった。彼女はかなり複雑な個々の事例を反省的に判断し、私たちのほとんどが思い出すことさえできず、ましてや区別などできないほどの個別事例を要素として考慮に入れることができた。晩年になって、彼女はその才能を判断力そのものに用いて、ヴェトナム戦争の時期のアメリカ高官によるイメージ作りの問題点を指摘し、彼らを無思考であるだけでなく判断をしない無判断の人びととして描いた。彼らは判断しなかった。彼らは計算していた。彼らは誤った前提から演繹的に物事を進めた。彼女が目撃し考察していたのは、反省的に判断することを拒否し、普遍性あるいは理論（たとえばドミノ理論のようなもの）に依拠したいと望み、そして個別の事例が存在しないところでもそれらを進んで作り上げる、すなわち嘘をつくという彼らの態度であった。

アーレントが『精神の生活』の「判断」の部分のために残した草稿や講義録のほとんどは、美的判断（もっと一般的には反省的判断力）についてのカントの洞察を再考したものであり、再考することによって、それらの洞察を政治的判断や道徳的判断へと転移させる作業である。しかしこうしたことを行いながらも、彼女は哲学者の偏見——カントですらそれを克服できず、政治的領域と道徳的領域を規則に拘束されるものとして想像しようとした——にたいする古くからの闘いを続けていた。次のような問いを念頭に置いて、アーレントの草稿や講義録のもとを再び訪れてみよう。そうすれば、彼女の複雑な著作が何を明らかにしたのかを理解することができるだろう。反省的に判断できる人びと、判断する注視者になりうる人びとは、政治領域にどのような貢献をしているのだろうか。

『判断力批判』のなかで、カントは美的対象の制作者である芸術家のことを考察していた。アーレントふうに言えば、芸術家は独創性をもつ制作者である。芸術家は、彼らの非凡な才能が創造的になるようにし、天才ではない人びと（つまり、私たちのなかの天才以外）にたいしてその才能を伝達可能なものにする注視者を必要とする。新しさ、新しい始まりの能力をもった活動家もまた、彼らの活動について語り、分析し、それについて最後に物語を語ることによって（これに誘われて、いつの日かある芸術家がその活動を意味のある出来事にする物語を語るだろう）、それを伝達可能なものにする注視者を必要とする。もし判断を行う審判者あるいは注視者がいなければ、制作者が作るものや活動する人が行うことは、けっして現れず、伝達可能なものになったり伝達されたりすることはないだろう。「注視者の判断は空間をつくり出し、その空間なしにはどのような対象もまったく現れない。公的領域は批評者や注視者によって構築される［強調は筆者］のであって、活動する人や制作者によってではない。批判者や注視者はすべての活動する人や制作者のなかに存在する……注視者は複数性においてのみ存在する。注視者は活動に巻き込まれはしないが、いつも仲間の注視者たちに巻き込まれている。彼は天賦の才や独創性や新しさという能力を活動者と分かち合ってはいない。しかし彼らが共通にもっている能力は、判断力である」(8)。

アーレントは、カントが公的領域を構築するための精神的条件、言いかえれば政治的条件を支える条件を発見したと考えた。政治的条件を支える条件とは、活動する人びとが活動して権力を生み出すことができ、制作者たちがその活動を記憶化することができる公的空間を、法が開きそれを保持することである。精神に関する用語で言えば、公的領域の力強さは、それを持続させるための、批評し注視する人びとの数と質によって（伝達可能性と相互作用性という意味で）測ることができる。人びとが活動について判断することなく、たとえば政府に全体的に同調して語るならば、それは政治的な不健全さの徴候であろう。そして、政治家たちがそうした同調を要求し、議論や異議をあらかじめ排除しようとするならば、彼らは――この観点から見れば――独裁者である。

拡張された思考の仕方と共通感覚が強力な判断を作り上げるのだから、孤立した精神（あたかもそれが全世界であるかのように自身に包まれている自己）から生じる判断は、代表的でも他の人びとにとって説得的なものでもない（ただし、彼らに傷を負わせることはありうる）という意味で、効力をもつものではない。偏狭なかたちで形成された意見によって、自分たちの立場が考慮されるとは、他の人びとは感じないだろう。彼らはそうした意見とはつながりをもてないだろうし、それに近づきたいとも思わないだろう。また、もし最初にそれに同意することがなければ、そうした意見についてゆっくり考えようという気にもならないだろう。説得性は、判断力の特徴なのである。しかし、（カントもアーレントもはっきりとは言わなかったが）こうも言えるかもしれない。一途で孤立した判断は、暴力的な判断となり、他の人びとの観点を無視し、排除あるいは抹消する可能性がある。それは、傲慢で無遠慮な判断、あるいは精神力学的に言えば、ナルシシズム的な判断でもある。思考の最も抽象的な形式である理性的推論以外の存在を敵視していたプラトンは、それとはまったく逆の見方をしていた。アーレントによれば、プラトンにとっては「群集《マルチチユード》を説得することは、自分自身の意見を彼らの多様な意見に押しつけることを意味している。つまり説得は、暴力による支配に対立するものではなく、その別の形態にすぎない(9)」。

自分自身の観点と判断を問う能力、自分の意見を新しい経験や、他者の判断と意見との新しい出会いに照らして再考しつづける能力こそ、求められる能力である。プラトン的な意見をもつ者はそのようには考えないであろう。しかし、このような自己自身を問うことは（これは、アーレントによれば、自分に疑いをもつということとは違う）、強力な判断のもう一つの鍵となる特性である。けれども、この能力が行使されるのはまったく稀なことである。その理由は、プラトン的な考えにとらわれていないギリシア人やローマ人にはよく分かっていた。というのも、彼らは、帝国内の人びとと相互交流する経験を重ねていたからである。彼らの洞察は、十六世紀のフランスの随筆家ミシェル・ド・モンテーニュによって彼の「うぬぼれについて」“Of Presumption”のなかで皮肉たっぷりに要約され賞賛されている。「一般的に［古代の人びとのあいだでは］自然が私たちに与えた恩恵のなかで最も公平に分配されているのは感覚であると言われている。というのも、自然によって与えられたその分け前に満足していない者は誰もいないからだ(10)」。私たちは皆、自分ははっきりと感じることができていると思っているから、「見える以上のものを見る」こと（モンテーニュの言葉）は特別な努力を要する。そうした努力こそが判断なのである。

経験の伝達可能性が少なければ少ないほど、それはいっそう争う余地のないものと見なされている。したがって、趣味の問題であり、それ以上のものではないと見なされることが多い美的判断（すなわちそれらは完全に主観的なものと見なされている）は、争う余地がないものだと見なされがちである（実際に、*"de gustibus non est disputandum"*〔「好みについて議論すべきではない」〕は翻訳の必要がない数少ないラテン語の格言の一つであると言われるほどである）。しかし、カントもアーレントも、伝達不可能性、あるいは趣味を表象することの難しさを認めていたにもかかわらず、それを強調しはしなかった。むしろ彼らが強調したのは、経験を表象する特別な努力、趣味の私秘性を克服する特別な努力へと私たちをうながすものは何かという問題であった。つまり、私たちは独りで趣味を享受するのではないということである。趣味とはもともと社交的で、相互主観的で、それについて語ることができる何かである。世界から疎外された者だけが独りで食べることを好む。ほとんどの人びとは、演劇について議論する相手なしに独りで劇場に出かけるのを好まないのと同様に、同伴者なしに食事を楽しむことを難しく感じる。他方で、人びとは思考あるいは黙想するためには、何の問題もなく引きこもることができる。「注視者は複数性においてのみ存在する」というアーレントの言葉は、実のところ判断とは公的幸福の一形態であるということの一つの表現なのだ。

そのラテン語の格言は、じつは賞賛すべき状態にではなく狂気の共通の形態に言及しているのだが、この格言にもかかわらず、人びとは実際には趣味判断について議論し、そうした行為に大きな喜びを見いだし、彼らの公的幸福の特徴である政治的判断をめぐってたしかに論争する。しかし、まさしく彼らの議論は真理には至らない。そしてこれこそが、アーレントの非プラトン的見地から見れば、あるべき姿なのだ。彼女は、意見、すなわち判断の表現が最終的な真理ではないこと、そして論争や議論が真理に帰着しないことには失望しなかった。それらが人間の複数性に根ざしているのと同じくらい、その無限性がそれらの本性の一部であると感じていたからである。

予測不可能であり、それが終わるのは活動する人が舞台を去り、(判断力を行使する) 物語作者が活動を出来事に変えてからだということが活動の本性であるのと同様に、予測不可能でまったく終わりがないことは、判断の本性にも属している。すでに規定され、あるいは制度化された判断さえ、物語が語り直されるように、後に取り上げられ制度化し直されることがあるということは、誰でも知っている。それは、キリスト教徒が、人生の物語が語られるようになる死後でさえ、人間が行いうるよりもっと決定的な最後の評価は神によって与えられると望みながら、最後の審判を待つ理由の一つである。

大部分の西洋的伝統においては、判断が予測不可能性であり判断や意見には終わりがないという本性は、活動の本性がそうであったのと同じくらいに、容赦しがたいものとみなされてきた。「確実性は存在しない、あるのは不確実性だけである」という (モンテーニュが好んだ) ローマのプリニウスの格言は、多くの者からみると、果てしないものをめぐる冷笑的な態度のように見える。活動的な生にたいするプラトンの敵意が、それ以来活動的な生がどう見なされてきたのかに甚大な影響を与えていたのと同じように、意見（憶見《ドクサ》 *doxa*）にたいする彼の敵意は、真理は孤独な真理探究者の観想的な凝視のなかにのみ現れ、意見はそうした真理のぼんやりとした模造品にすぎないということを、ほとんど自明のように思わせてきた。『国家』における彼の有名な寓話にあるように、意見は、暗愚な群集が鎖につながれて座るまやかしの仮象の暗い洞窟のなかに存在するのにたいして、真理は、世俗の鎖を解かれた者だけが行くことができる洞窟の外の上方の光の領域に存在する。市民や職業的に意見を商う者（ソフィスト）が、彼らの商品（詭弁）を交換する公的領域は、真理が存在しない領域なのである。

複数の意見のなかのこの意見（そしてそれは一つの〈意見〉である）を分有するたいていの哲学者たちは、意見を形成する人間の能力を探究することはなかったし、それについて問いを立てたり――それを名づけたり――することはなかった。彼らが試みたのはただ、意見を形成する能力を行使することを避け、自分を真理に導いてくれるはずの理性にしがみつき、いかなる形態の相対主義にも嘲笑を浴びせることだった。こうした態度が優勢になる時、判断と意見交換の領域が曖昧になるだけでなく、真理の類型のあいだにある重要な差異が見失われる。

最初に曖昧になるのは事実の真理である。これらはいつも少しばかり主観主義をともない、ある物の見方が埋め込まれているかもしれない。しかし、現実と向きあうこと、事実と向きあうことの重要性についてあれほど頻繁に諭していたアーレントは、事実を明確にしようともがいている人びとにたいして実際よく次のように言っていた。「いいですか、一九一四年にドイツがベルギーを侵攻したのは事実。ベルギーがドイツを侵攻したというのは真実ではない」。そう簡単には曖昧にならないのが、それ自体で実証可能で反省的判断を必要としない、２＋２＝４といった類の論理的あるいは数学的真理である。認知的あるいは科学的な命題はそれとは違った地位にある。それらは暫定的なものであり、誤りであることが判明するまで命題の妥当性は持続する。あるいは、科学的領域のパラダイム転換によって、発見者が考えていた以上にそれらが偏見あるいは先行的〈判断〉に包摂されていることが明らかになった時、それらの暫定的な地位ははっきりする。

しかし、道徳家や哲学者によって絶対的に真であり、絶対的に意見ではないと主張されるあの真理は、まったく別の問題である。そして、まさしくこの種の真理あるいはこの種の真理請求の地位をめぐる討論（つまり意見の交換）において、哲学者たちの戦略は、そのような真理を実際には判断や（どちらかといえば真に近い）意見の問題であると考える（アーレントのような）人びとにたいする中傷をうまく利用するのである。そのような中傷は、政治的領域ではおなじみの戦略の哲学者ヴァージョンである。哲学という〈祖国〉、すなわち真理の国で、物事がどのようにとり仕切られているかを問題にするような人物は、愛国的ではない者として非難されるのだ。

プラトン時代のギリシア人のあいだでは、多くの名詞がさまざまな種類の推論や思考に利用できたのだが、意見を形成する能力を表す名詞は一つも存在しなかった。ギリシア人たちは、意見を言うための、…と思われる *dokein* という動詞に由来し、さまざまな種類の判断すること（分析評価すること、推断すること、検証すること、精査すること、鑑定すること、審査すること、評決すること）を扱う数多くの動詞をもっていたにもかかわらず、意見という行為を適切に概念化できなかったのである。しかし、たしかにギリシア人たちは、憶見 *doxa*（*dokein* に由来する名詞）には関係しないが、アーレントが判断を意味したものに部分的にかかわる言葉を知っていた。それは、賢慮 *phronesis* という言葉であり、アリストテレスはそれを、ポリスの事柄にたいする政治的人間の洞察という意味で使った。アーレントはこう説明している。「政治的問題にたいするそのような洞察が意味しているのは、一つの問題が見られ判断されるありとあらゆる立場や観点を、最大限全体的に眺めるということにほかならない[11]」。アーレントの考えによれば、アリストテレスによる判断力の探究は、賢慮 *phronesis* の扱う活動の目的を、所与で既知のものだと想定したことに、その限界があった。しかし、彼はカントの拡張された思考の仕方――カント自身はそれを政治的能力だとは考えなかったが――の孤高の先駆者であると、彼女は信じていた。

カントは自分が提起したことの意味を自覚していなかったが、西洋の哲学的伝統は、政治的判断力の肯定的な評価のためには、たしかにカントを待たなければならなかった。とはいえ、エッセイを書く（それは文字どおり判断を書くこと、〈試論〉を書くことを意味する）という、高慢さや形式ばったことが少ない領域においては、モンテーニュほど判断というものを尊重していた人はいなかった。彼は、彼以前の著述家の誰よりも徹底的に、自分自身の判断（それは、判断 *jugement* と呼ばれることもあれば、理解力 *entendement* と呼ばれることもあった）を探究し、次のように吟味することに非常な喜びを感じていた。「わたしはひき続き自身を観察し、自身を評価し、自身を試した。他の人たちは、それについて考えるのをやめる時はいつも他所へ行く。彼らはいつも前に進む（誰も自身のなかに落ち込もうとはしない――ペルシウス）。しかしわたしに関しては、わたしは自身のなかで転げまわっている」[12]。これほど自己吟味に熱意をもち、ソクラテスという世界で最も偉大な自己吟味者をあれほど賞賛していたモンテーニュは、人間の精神（*esprit*）は多くの面、特徴、能力をもっているが、判断が先導する精神だけが自己自身と調和し幸福であると言える、と考えた。（彼が「理性」あるいは「信念」と言っていないことに注意しよう。）モンテーニュは、よい判断は自己欺瞞を拒否するということを認める美しい名称で、よい判断力をもつ幸せな人びとのことを、〈誠実な人〉*honnêtes hommes* と呼んでいた。

モンテーニュが、彼の時代のコスモポリタニズムと、今なら多文化的な多様性と呼ぶであろうものへの開放性との偉大な範例でもあったことは、おそらく偶然ではない。たとえば、彼は、注目すべきエッセイ「人食い人種について」のなかで、アメリカ先住民の社会についてフランスを訪れた数名の土着のアメリカ人から自分が学んだことを報告している。彼は、「誰でも自分自身の習慣ではないものを野蛮と呼ぶ」という理由で、たいていのヨーロッパ人にとって先住民の生活の仕方を認めることは不可能であると評しながら、彼らの生き方の見事な自然性を公平に詳述している。モンテーニュは、彼の時代にはめずらしく、たいていのヨーロッパ人が非難する多くの習慣を（後に植民地化された人びとのである）先住民たちが学んだのは、ヨーロッパ人征服者たちからだったということに気づいていた。たとえば、彼らは、戦争捕虜を殺してその後に彼らを食べるのではなく、彼らの皮を生きたまま剝ぐというポルトガル人の習慣を採用した。「私たちがそのような野蛮で恐ろしい行いを知ることを、わたしは残念だとは思わない。しかし、わたしが心から残念なのは、彼らの欠点を正しく判断しながら、私たちが自分自身の欠点にこれほど盲目であるということだ。生きた人間の皮を剝ぐことの方が、死んだ人間を食べるよりももっと野蛮だとわたしは考える」。フランスのカトリックとプロテスタントの戦争の最悪の日々のなかで著述を行いながら、モンテーニュは次のように書きとめている。「隣人たちや仲間の市民たちのあいだで、そしてもっと悪いことに敬虔と宗教を口実にして」、インディアンたちの戦時の人食いの習慣の方がずっと文明的に見えるほどの残虐な行いと拷問が繰り返されているのを、彼自身が目撃した、と。[13] モンテーニュが気づいていたのは、粗末な判断の最も明らかな特徴は、自分自身の習慣を超えてものを見ることができないという偏狭性であることだった。そうした偏狭性は、あなたが自分自身で他者を尊重しない時にはいつも、偽善につながり、他者をあなたの標準に縛りつけるという結果をもたらすのである。

アーレントがはっきりと概念化した、判断は何よりもまず範例を、範例的な人物を必要とするということについて、モンテーニュはさらにいくつかのことを知っていた。ルネサンスふうの仕方で、彼はギリシア・ローマの古典古代に範例を求めたが、アーレントもまた、ヨーロッパの伝統に属する人びとがたとえば勇気を判断する時、アキレウスあるいはヘクトールのことを思い浮かべるのだと書きとめている。しかし、彼女はまた、文化や政治的伝統が異なれば、異なる範例に注意が向けられ、標準や基準――個別の例から反省的に引き出された抽象概念あるいは図式――が求められるとも言う。モンテスキューは『法の精神』のなかで、自分が列挙したさまざまな統治形態は、それぞれの主導原理をもっているということを示した。「モンテスキューが次のように想定したことは、おそらく正しかった。それぞれの［政治的］実体は、その共同体の行為や悪行を判断するための最終的な基準として認められたさまざまな原理――共和政においては徳、君主政においては名誉と栄光、貴族政においては節度、暴政においては恐怖と疑い――につき動かされていたのである。ただし、統治の形態のあいだの最も古い区別（一人による支配、少数による支配、最良の者による支配、すべての者による支配）に導かれたこの目録は、言うまでもなく、地上における人間の共同生活の豊かな多様性にたいしてはみじめなほどに不十分である」[14]。善良で説得力のある判断者は、自覚的にそうした最終的な基準に訴えるだろう。しかし、彼らは――拡張された思考の仕方の所産として――異なる共同社会は異なる基準をもつということを十分に理解し、同時に、それぞれの基準はそこで分かち合われた経験や歴史を反映しているのだということを知りつつ、その差異を尊重するだろう。

西洋の政治的伝統のなかで、判断を概念化したものはあまり見られない。しかし、モンテーニュ以来、そしておそらく啓蒙主義以来、哲学的伝統においてよりも、政治的伝統においては、判断と意見にたいする偏見は少なくなっていた。そこでは判断や意見が、理性でも真理でもないということがさして嘆かれなくなっていたからである。アーレントが『革命について』で指摘したように、革命における行為者は、彼らの活動が彼らに教えたものによって、とりわけ哲学的な偏見から自由になっていた。「歴史的に言えば、意見――一般的には政治的領域におけるその重要性、個別的には統治におけるその役割をふくめて――は、革命という出来事とその成り行きそのもののなかで発見されたのである。これはもちろん驚くべきことではない。あらゆる権威がつまるところ意見にもとづくということ［強調は筆者］は、服従への全般的な拒否が突然に思いがけなく始まり、それが革命に変わるとき以上に、力強く表示されることはない。なるほど、この瞬間――おそらく歴史のなかで最も劇的な瞬間――には、ありとあらゆる種類の煽動政治家たちに門戸が開放される。民衆煽動家たちが立証したことが、新旧あらゆる体制は《意見にもとづ》かざるをえないということでないとしたら、それ以外の何をしたというのだろうか[15]」。

アーレントの著書、手紙、日記、講義ノートにおけるさまざまな議論（そしてわたし自身のモンテーニュへの敬愛）を素材として、判断力に関する予備的な見取り図を描いてきた。しかし、判断についての彼女の分析がなぜ重要なのかを判断するためには、私たちは、彼女が『精神の生活』で探究した他の二つの精神的な能力、思考と意志に目を向ける必要がある。

彼女は、労働、制作、活動がなぜ活動的な生の内実であるのかということを説明せず、それと同様に、人間にこの三つのおもな能力があり、おそらくこれ以外のものはないということについて、いかなる正当化も行わなかった。おそらく彼女は、カントが彼の三批判のなかで精神を純粋理性、実践理性、判断力に分けた仕方にならっていた。しかし、すでに指摘したように、このカントの三つの能力のどれかを論じなくてはならない場面では、彼女はカントにすべてしたがったわけではなかった（彼女が彼に最も多くを負っている判断力についてさえそうだった）。彼女の本をまだ読み終わっていないうちから、どんな読者も気づくように、もっと根本的には、彼女はそれぞれの精神的能力 ablitiy（彼女は時々英語の単語 faculty を使った。それは彼女のドイツ語では *Vermögen* という単語で、power, capability, ability の三つを意味していた）を、時間の三つの次元の一つを経験するために重要なものと見なしていた。現在の世界の出来事に私たちが出会う時、思考はそうした出来事に私たちを関連づけ、構想力を介してそれらの表象、あるいは「後からの思考」after-thoughts をつくり出し、他の精神的な能力との協働に備える。意志は未来のための私たちの「器官」である。そして判断は、人びとのあらゆる判断や意見に私たちを結びつける。それらが形成され、私たちの、伝統、文書館、記憶の諸領域のなかに存在しているかぎりそうなのである。私たちはそこで人間の真価が示されている範例を見いだすのである。判断力は、法廷で裁判官が行うのと同じやり方で先例を用い、裁判官が法律の場合にそうするように、先例がなく、新しい法あるいは説明を必要としているものとは何かを特定する。

　三つの能力の時間的な方向性をもち出すことによって、わたしが言いたいのは、それらが相互関係において考慮されるべきだということである。精神の生活は、一つの能力ではなく、すべての能力の生活である。（アーレントがしばしば暗示的に用いた政治的類推を明示的に行うとすれば）それらの相互関係は行き過ぎを抑えて均衡《チェックアンドバランス》をとるものである。自由な抑制均衡を備えた政治体は、思考し意見を考慮するための賢明な立法部門、意志のための行政部門、そして活動を判断し意見を形成するための司法部門をもっている。しかし、その政治体が最も強力になるのは、それぞれの部門を構成する人びとが、これらすべての営為を行う能力をもち、これらすべての営為の行使がうながされる場としての評議会をもっているときである。同じように、精神的に自由な個々人は、三つの自由な能力に豊かな相互作用を働かせることができる。

それぞれの能力は、アーレントの見方では、それらすべてが共有している特徴を表している。つまり、それらはすべて自律している。これは、それらが自由であることを意味している。その能力は、主権のようにそれらに影響を及ぼす単一の源泉から生じているのでも、それにしたがう義務があるのでもない。そして、三つのうちのどれ一つとして、それ自身の営みに内在する規則以外の規則にはしたがわない。たいていそれらはすべて自律的に動機づけられており、そのどれもが世界から自発的に退却することによって作動するために、世界や世界の現象による支配あるいは決定から自由である。それらは内的に分割されたものになり、その後に、その内的な分割から救い出されるのである。

彼女の主張によれば、思考は、感覚や知覚や知的認知――これらは「志向的」であり、目的となる対象に夢中になる――のようには、世界の現象に結びついていない。あなたは人間を知るために人間を見る。あなたは人間を分析し、探究し、分類し、一般的な理解をめざす。しかし、人間であるとはどういうことか、人間の生の意味は何かといったことについて、あなたは〈考える〉。あなたはこうした思考を導くために、「思考の産物」、すなわち概念を考案する。知覚や認知は結果（知識）に至る。

思考は意味を追求する。アーレントによれば、思考の探求には終わりがない。結果のみに関心があり、思考を放棄する人びととは別として、思考は休息することがない。黙想する者たちは思考を休息としても経験するが、彼らにとって思考は結果のなかで休息するのではない。彼らにとっての思考は、この世界のものではない対象についての観念や直観のなかで、あるいはそれを受動的に見守ることのなかで休息するのである。

ブリュッヒャーにとってそうだったように、アーレントにとっても、ソクラテスは模範となる思想家であり、その思考経験は（これは、いかにもプラトン主義化されている部分を無視し、ソクラテス自身が語ったこと、行ったことに目を凝らせば、プラトンの対話篇のなかに見つけられる）、アーレントが用いた概念規定や図式のもとになった。「思考はわたしとわたし自身のあいだの声なき対話［《言葉を通じて語ること》としての対話術 *dialegisthai*］である」(16)。思考する人は、何にもまして思考する対話を続けたいと思うから、この声なき対話は、私たちを慣習的な「真理」からだけでなく、慣習的な行為規則からも解放するという、直接的な効果をもっている。思考しつづけること、それが思考の「目的」なのだ。対話は、もしそれが真理のなかで休息したり、あるいは、「わたしとわたし自身」の関係のうちの一方が、他方が共存を望まないような何かを行ったりした結果、敵対的な状況になったりすれば、持続できなくなる。アーレントはこの対話の場所を「思考する自我」と呼んだが、その観点からすれば、悪を被るほうが、悪を行ったり、それを行った者と共に生きなければならない場合よりもましなのだ。

つまり、無思考性は内的な対話の欠如である。「その無言の交わりを知らない」（アイヒマンのような）人物は、起こりうる悪い行いに反対する声を聞かないし、それを聞くのをやめてしまっている。それによって彼らは悪行を行った者と共存できる。人びとが悪を行うことにたいする反対の声を自身のなかで聞かず、さらには、「皆が何も考えず、他の皆が語り信じていることに押し流されてしまう」ような条件のもとで、外からも反対の声が聞こえない時、彼らは――殺人を犯したり、あるいは大量殺人さえ犯すこともふくめて――他の誰もが行っていることを行う準備ができている。こうした陳腐な人びとは、稀なタイプの邪悪な人びと（カントの言葉で言えば根源的に悪い人びと）とは非常に異なっている（そして潜在的には彼らよりもはるかに危険で破壊的である）。邪悪な人びとは、思考の相手のことを聞かないというよりも、聞いてもそれを克服し、すべての異論を黙らせるのだ。[17] こうした人びとは自身のなかで、自身にたいして暴君であり、だから世界のなかで暴君になる準備が整っている。他方で、思慮深い人びとは、彼らの内的調和を保持しながら、抵抗者、不参加者として、悪を行うこうした二つのタイプの悪人とは対照的な立場をとる。

ソクラテスは意見にたいするプラトン的な偏見を共有していなかった、とアーレントやブリュッヒャーは考えた。手順として、彼はまず人びとの意見を尋ね、それから入り組んだやりとり、すなわち対話のなかで、人びとが自分たちの意見を熟考したこともなければ（彼らはしばしば、それが相対的な真理にすぎないと気づいた）、その意見が活動を導くものとして用いられた時どのような結果になるかを考えていないことを、彼らに悟らせる。ソクラテスが関わったのは、知と絶対的な真理を追求していた人びとであり、したがって陳腐な悪になるかあるいは邪悪な悪になるかの分かれ目の位置にいた人びとだった。プラトンは、ソクラテスのことを真理を求める者と表現したが、ソクラテスの目標は真理ではなかった。むしろ彼は、もっと熟考された意見と終わりのない対話を求めていた。彼は、自分の経験をとおして、「わたしとわたし自身のあいだ」で行うことができた内的対話は他者と共にも行いうるということを発見していたのである。

しかし、アーレントが率直に認めたように、ソクラテスは、知恵、美、そして正義——それらはすべて愛すべき肯定的な概念である——への〈エロス〉（愛）を備えた「気高い性質」をもっていた。そのようなエロスの帰結として、彼は思考する際に好ましくない概念——たとえば悪——を見過ごしてしまった。彼はそれらをたんに愛すべき概念の欠如、根拠をもたない無と見なしたからだった。つまり、彼は悪人に同行する誘惑からも、その危険からも守られていた。彼は悪を行うことを拒む必要もなかったのだ。逆に、彼は自分の経験にもとづいて、「自発的に悪を行う者はいない」という一般的な結論を掲げていた。アーレントから見ると、ソクラテスは——気高く、しかし痛ましくも——誰もが彼自身のように思考することができ、したがってわざわざ悪を行わないことを選ぶ必要はないと想定していた。結果として、彼は自分が目撃していた自発的に悪を行う邪悪な人びとのことを理解できなかった。将来彼らの都市国家を裏切ることになるアルキビアデスと彼との対話は、その男にたしかに影響を与えなかった——ソクラテスは彼に正気でない選択を捨てさせることはできなかったのである。思考はいかにして、悪に対峙することとそれを拒絶することを両立させうるのか——いかにして殺人者と共に生きることを拒みうるのか。教育的に、あるいは治療的に問いを立ててみよう。気高い性質をもっていない人間は、いかにしてその性質を獲得し、悪に対峙できるようになるのだろうか。人は、悪に〈対峙し〉、それから悪を〈自発的に〉拒絶する思考の人になりうるのだろうか。

この問いとともに、アーレントは意志の領域に関心を移した。そしてここでは、彼女の愛するギリシア人たちや彼女の範例であるソクラテスは案内人とはならなかった。というのも、ギリシア人には〈自由な〉能力としての意志の概念はなかったことが、彼女には分かっていたからである。ギリシア人たちがもっていたのは、選択という概念であり、選択する能力を表す言葉 *proairesis*（キリスト教徒たちが自由な選択 *liberum abitrum* と呼んだもの）だった。ギリシア人の場合、選択する人間は前もって存在している可能性のなかから選択する――すでに存在している活動の成り行き、あるいは目的としての、正と不正のあいだで選ぶのである。しかし、アーレントが理解した（そして『人間の条件』で探求した）意味での活動は、新しい始まりであり、すでにある道筋にただしたがうというような問題ではなかった。

反省的判断が偉大な探究者をカントに見いだし、思考が偉大な探究者をソクラテスに見いだしたように、意志はその開拓者を聖アウグスティヌスに見いだすとアーレントは考えていた。彼女は彼を「意志の哲学者」と呼んだ。アウグスティヌスが意志を探究することができたのは、彼が意志の経験を許容しない二つの思考の要素に邪魔されなかったからだった。第一に、ギリシア人とローマ人がそうしたように循環的な時間理論の用語で考えるならば、未来あるいは真の新しさを経験することはできない――すべての未来は再来する過去として感じられる。未来は、既知の終点に向かってその上を私たちが進んでいる道ではなく、私たちに到来する未知で知ることのできない何かであり、運命でも必然性でもないという考え方は、ギリシアあるいはローマの概念ではなかった。ギリシア人やローマ人は、あらかじめ決定された本性というものを信じていた。つまり、あなたは気高く善良に生まれるか、そうでないかのいずれかであって、あなたの性質はあなたの誕生以前に定められている（前世でと言う人もいれば、運命によってと言う人もいる）。ソクラテス以前の哲学者ヘラクレイトスが一言で言い表しているように、「性格は運命である」。第二に、もし活動を先に存在するある目的と、もう一つの先行する目的とのあいだの選択の問題として考えるならば、自由な意志によって開始される活動の新しい始まりを概念化することはできない（たとえそれを経験し評価することができるとしてもそうである）。

五世紀の北アフリカのヒッポの司教であったアウグスティヌスは、未来は再来する過去であるという循環的時間の枠組みのなかでは思考しなかった。その反対に、彼が考えたのは、未来は〈私たちの精神のなかでのみ〉、私たちに到来する経験のなかでのみ存在する、ということだった。さらに彼が概念的に認識したのは、私たちが一つの道と他の道のあいだで選択を行おうとし、どちらかの道を行くように自分自身に命じるとき、私たちは、心を不安にさせ調和を乱す経験をしているということだった。私たちは自身に命令するが、すぐさま、わたしは意志する（*velle*）というあり方とわたしは否と意志する（*nolle*）というあり方、つまり肯定と否定とを経験する。聖パウロもまたこの葛藤を認識したが、彼はそれを、意志する精神と弱い肉体とのあいだの闘争として理解した。私たちが麻痺した状態になるのは、私たちの肉体的欲望が私たちの純粋な精神と行動を共にしようとしないからである――つまり、私たちが罪深き被造物だからである。そして、私たちは神に向かって祈り、私たちが正しい道にしたがうことができるように手をさしのべてくれる神の恩恵を待たなければならない。しかし、『告白』のなかで説明したように、アウグスティヌスは意志の葛藤を違ったふうに理解した。彼は猛ける心に駆られた青年時代を経験し、その当時は自分が為すべきだと思ったこと――世俗の楽しみを棄て去り神への愛に身を捧げること――を行うことができなかった。そこで彼が考えたのは、葛藤は意志そのもののなかにあるのであって、精神と肉体のあいだにあるのではないということだった。意志におけるこのような葛藤が、自由の特徴である。意志は奴隷的な服従の能力ではない。神は私たちに〈自由な〉意志を与えたのであって、服従的な意志を与えたのでも、ましてや神自身の命令にしたがうために作られた意志を与えたのでもなかった。それゆえに、活動するためには私たちは神とこの挑戦的な難しい天賦の才との両者を愛さなければならない。（ここで少し考えたいのは、一方で最も身近な人たちから始まって仲間の範囲を広げながら隣人を愛するということと、他方でそのような隣人愛を保つための概念や活動の過程を愛するということとを、私たちは両立させなければならないのかどうかという問題である。）神からの恩恵ではなく、「魂の重力」である愛が意志に平和をもたらす、とアウグスティヌスは述べている。(18)

アウグスティヌスは――そして彼よりもずっと後になるが、十三世紀の神学者ドゥンス・スコトゥス、「精妙博士」として知られ、愛の変容力についての美しい文章がアーレントによっても議論されている人は――（アーレントの言葉によれば）「いわば持続的で葛藤のない意志としての愛」という構想をもっていた。これらのキリスト者たちから学んだことを彼女はさらに練り上げ、その際に、愛へと変容する意志の「重さ」あるいは「重力」が、人間の性格を形成し、さまざまな企てのあいだで（判断して）慎重に選択ができるように自己を訓練すると示唆した。しかし、こうした企ては自然の所与ではない。それらは、正義のように、構想力によって提示される表象的な思考の産物である。ソクラテスは、愛の本性を探究することなく思考の産物にほかならない正義を愛した。そこでアーレントは――重要なことだが――人びとが公正になるのは正義を愛することによってのみである（たんにそれについて考えるだけではなく）と主張する。意志の領域を離れて、あれこれの行いをするために世界に入り、活動する時、私たちは意志することをやめ、あの内的な自由、肯定する意志と否という意志とが活発に働き愛の変容力に巻き込まれているような状態を失う。しかし私たちは、愛と意志の作用が形づくった私たちの性格にもとづいて活動するのだ。「思考が自己を注視者の役割にふさわしいものへと準備するように、意志は自己を、意志の個別の作用すべてを導く《持続する自我》へと作り上げる。それは、自己の〈性格〉を生み出し、それゆえに〈個体化原理〉*principium individuationis* として理解される何かであり、［自然によって与えられる才能や能力に対立するような］個人特有の同一性の源なのである」(19)。

意志論の結びにおいてアーレントがたしかに認めているように、私たちは活動するときに精神内部での意志の自由を失うが、そこで私たちは具体的な自己を得る。私たちは、活動する際に世界のなかで示さなければならない〈誰か〉を得る。つまり、私たちは〈政治的〉自由の可能性を得るということであり、それが次には、自由に思考し意志するための条件を私たちに保証するのである。アーレントが範例と見なした「活動の人びと」、すなわちアメリカ建国の父を参照したのは、こうした主張がどのような意味をもつのかを探究するためだった。活動のために訓練をつんだ人びとである彼らは、いかにして意志と未来に関する意志の経験とを理解し、評価（判断）したのだろうか。その問いに答えるために、彼女は古いテーマに、短く、しかし力強く分け入っている。それは、哲学的伝統における敵意というテーマであり、これが向かう対象は、すべて意志と活動にかかわらざるをえない。

彼女は、フリードリヒ・ニーチェの意志論についての手厳しい論評から始めた。ニーチェは、過去へと意志できないこと、意志は過去を元通りにできないことに不満をもち、意志の限界を罵り、この現実から逃避しようとした。つまり彼は、アーレント自身が行ったように、過去と向きあい、許しという人間の活動が何であるのかを探究し、許しをとおして過去からの解放をするということをしなかった。ニーチェの逃避は、人間が「あらゆる価値を別様にうち立てる」ことができる「力への意志」をもっており、過去にたいする力を批判によって人間に〈精神的に〉獲得させることができると想像することだった。彼は活動の権力を否認し、実際に意志の狂気である妄想的な力への意志のほうを選んだ。アーレントの観点から言えば、ニーチェの力への意志は、活動にたいする哲学的な敵意の長い歴史における最も不条理な一章であり、世界から離別した孤独な精神的な生の主張によって、まったくの世界蔑視によって、活動の予測不可能性から逃れたいという欲望だった。

活動に背を向けた現代の哲学者の第二の例についてのアーレントの議論は、はるかにもっと個人的で悲しみに満ちていた。非常に詳しく、引用と注釈を書き込みながら、彼女は、マルティン・ハイデガーが思考を「存在の機能」として描いた戦中戦後の彼の著作を探究する。彼にとって思考は「わたしとわたし自身の対話」ではなく、ひたすら存在に耳を傾けるということだった。彼の思考は、「意志とはまったく別の思考」だった。ハイデガーの思考は、存在をその源とし、人間の運命を決定するものと見なすことによって、人びとが何らかの仕方で自分たちの運命を決めるということを否定した。あたかも意志が思考の敵であるかのように、彼の思考は決定的に意志から切り離されていた。ここでハイデガーは、ニーチェの力への意志を拒否していたが、それだけでなく意志そのものをまったく拒否した。彼にとっては、意志は破壊的な能力――支配への意志――でしかなかった。そのような概念は、政治的領域への彼自身の破滅的な参加、つまりナチ党員になったことへのハイデガーなりの否定と見なすことができたが、それがさらに意味していたのは、政治的な生に参入すれば誰しも、堕落していない唯一の生、思索者の生を放棄することになるということだった。意志こそが、選択し行為するように人を訓練し、建設的に性格を形成しうるというような考えは、おそらくここには存在しなかった。アーレントが戦後まもなくヤスパースに宛てた手紙のなかで、ハイデガーを性格が欠如していると診断することになったのは、意志や行為についてのこうした見方からだった。「彼は文字どおり性格をもたない、おそらく特別に悪い性格すらもっていないという意味でです。同時に、誰も簡単に忘れることはできないことですが、彼は、深みのなかで情熱をもって生きています。その歪みは耐えられないほどです」。彼の「込み入った幼稚な不正直さがそっくりそのまま」「彼の哲学に忍び込んだ」と彼女は嘆いた[20]。

自分の師のテクストを綿密に読み、戦時中に彼がナチ党時代の自分を拒絶していたことを発見した時、アーレントがほっとしたことは疑いない――もっとも、これによって、ハイデガーが彼の哲学的な著作を読む用意のできていない人びとにアクセス可能な言葉で、公的に自分の誤りを認めたことは一度もないという問題が、許されたわけではないにしても。すでに述べたように、アーレントは、彼が自分自身で書いたどんなものよりもはるかに明確な言葉で、彼の立場を要約した。「ハイデガーの理解するところでは、支配し服従させようとする意志はある種の原罪であり、その意味で、自分が短期間ナチ運動に身をおいた過去をうけ入れようとしたとき、彼は自分を有罪であると見なした[21]」。しかし、彼女の観点からすれば彼の失敗は、意志することは支配し服従させようとする意志であると想定したことだった。彼は、意志は、愛の作用をともなう時、平安を得て支配的ではなくなると見ることができなかった。

ニーチェとハイデガーは、それぞれ異なる仕方で、世界における活動を好ましくないものと判断していた。判断の語彙を使えば、彼らはそれに嫌悪を感じたのだった。彼らのどちらも活動を制限された堕落的なものと見なし、精神の内部にとどまることに幸せを感じた。アーレントが「意志」の部の最後の数頁で助言を求めたアメリカ革命の活動の人びとは、それとは異なる種類の人間たちだった。

しかし彼らもまた、意志の難しい反作用や内的な分裂――それは意志のもつ自由なのだが――に悩まされ、活動の予測不可能性や活動をする人びとは悪を行うこともありうるという事実に悩まされていた。アーレントがほのめかしたように、彼らの心配は、彼らが――教会によって保護された状態から抜け出した後で――創設の過程にある世俗的な政治連合を確かなものにしようとした仕方にはっきりと表れている。彼らは、「創設の伝説」、解放の範例的な活動がいかにして過渡期を経て優良で安定した新秩序へと至りうるのかという物語を求めて、古代の年代記を探ったのであった。彼らが参照したのは、ローマはトロイアの再創設であると想像したウェルギリウスの『アエネーイス』において語られたような、ローマの創設の物語であった。

未来へと導いてくれる過去からの創設のイメージがなければ、活動する人びとは、意志の内的な自由に、世界のなかで活動することへと乗り出させる何かを与えることはできない。古代からマルクスまで、活動する人びとは、輝かしい未来として再創造できる古代の過去を探す傾向にあった。そのなかには、もっとさかのぼって牧歌的な政治的おとぎ話の世界、黄金時代（マルクスの言葉では、分業や階級の成立以前の世界）へと視線を向ける者もいた。こうしたイメージは、彼らが未知の未来に向きあうために役立ったのである。

「意志」の部の結びにおいて、アーレントは、アメリカの建国者たちが彼らを導く創設伝説をどのように使ったのかを探究した後で、自分が袋小路にいたったことを認めている。

活動する人びとへと注意を向け、精神活動の反省性――意志する自我が不可避的にそれ自身へとはね返るということ――によってひき起こされる難問から免れる自由の概念を、彼らのなかに見つけようと望んだ時、私たちは結果的に達成しうるよりも多くのことを望みすぎた。創設の伝説のなかでは解放と自由の設立のあいだの断絶によって橋渡しされているような、純粋な自発性のもつ深淵は、西洋の伝統（自由がつねにあらゆる政治の〈存在理由〉であった唯一の伝統）に特徴的な考案物によって、すなわち旧いものが改良された再表明として新しいものを理解するということによって、おおい隠された。自由が原初的な状態で政治理論――すなわち政治的活動のために考えられた理論――のなかに残ったのは、最終的な「自由の王国」という空想的で根拠のない約束においてのみであった。いずれにせよ、それはマルクス主義的な説明においては、たしかに「あらゆる物事の終わり」、人間特有のあらゆる営みを衰えさせる永遠の平和をもたらそうとするものだった。

「純粋な自発性の深淵」や「原初的な状態」での自由が消滅しないような政治理論は、はたして可能なのだろうか。新しい始まりとして生まれたという事実によって不可避的に自由を手にしている人びとが自分たちの自由について感じる不快 displeasure を考察した時、アーレントは次のように述べた。こうした不快を理解するためには、「もう一つの精神的な能力、始めるという能力と同じくらい不思議な能力である判断力に訴える以外にない。判断力を分析すれば、少なくとも私たちの快 pleasure 不快 displeasure に何がふくまれているのかが分かるだろう(22)」。

そして、この判断力の分析こそ、彼女が生きているうちに書かなかったものだった。しかし、私たちは彼女が何を探していたのかを見ることができる――思考と意志と判断という営みが、抑制と均衡をともなってどのように相互に関連しているかというストーリーの最終章である。思考は、意志や判断にたいしては、選択し判断する対象として思考の産物を与える。意志が思考や判断に与えるのは、思考の対話の基礎となる自己の性格であり、また判断の公平さ、無関心、伝達可能性の基礎ともなる自己の性格である。それでは、快や不快を感じる判断は、何を与えるのだろうか。思考にたいしては、思考が孤独な状態ではもてない他者との関係性、拡張された思考の仕方を与える。意志にたいしては、批判者や注視者によって構成される公的な領域を与える。判断はそうした領域のなかに、彼らの快や不快を表す判断の意志作用、議論や論争を送り込む。判断は公的領域の構成を助けるのである。これは〈政治的〉自由の領域である。そうした領域なしには、誰であれ、自由に思考するために安全に身を隠すことはできないだろうし、どんな人の自由な行為も、議論されることによって抑制されたり洗練されたりしないことだろう。アーレントは、活動を導くような政治理論を探し求めてはいなかった。彼女が探していたのは、判断者であり――それがすべての市民であった――こうした判断者は、自己破壊からも、活動が可能となる政治的領域を破壊することからも活動を救い出すことができるような存在なのである。それ自身の可能性の条件を破壊するような活動は、彼女の理論においては悪であった。

『精神の生活』は、精神的な経験とそうした経験のための概念について、難解で複雑な分析を行いつつ、哲学史の話へと延々と脱線していく。この書は、たしかに実践マニュアルではないし、初学者向けの本でもない。しかし、もし読者がこの本をレンズとしてもちいるなら、私たちの時代の精神的なジレンマの核心部分に肉迫できるという点では、この本は『全体主義の起原』や『人間の条件』と同じ特徴をもっている。レンズを私たち自身が生きている時代状況に適用できる三つの問いに焦点を合わせて考えてみよう。第一に、多様な道徳的伝統をもっている人びとが確信をもって同意しようとするような道徳哲学は存在するだろうか。第二に、意志を調和あるものにしてくれる愛は、はたしてどのようにして政治的に理解されうるだろうか。そして第三に、いかにして私たちは、批判者と注視者による世界市民的《コスモポリタン》な公的領域をイメージすることができるだろうか。

西洋における道徳哲学は、その起源をギリシアの〈倫理学〉*ethike* やユダヤ・キリスト教的な意味での戒律のなかにもち、つねに客観的なものと主観的なものを区分してきた。つまり、一方では道徳的慣習、規範、あるいは法の研究があり、他方では、性格〈性格〉character という言葉もまたギリシア語に由来し、尖った筆で粘土版に付けられた刻印のことを指していたが、それはメタファーとして、私たちは書き込まれてきた存在としてあるということを示唆している）の研究がある。道徳哲学は、伝統的にこう問いかける。「善とは何か」。「そして、善を知り、善を行うことができるような人間の性格とは何か」。道徳哲学のなかには、本性的に人びとを導かざるをえない規範を求めて、自然へと目を向けてきたものもあれば、超越的領域、つまり、道徳法則を根拠づけ、それを付与するような神的な存在に目を向けたものもあった。あるいは、信仰をうけいれ、理性的な推論をする知性や感じることのできる心をもっている者なら誰にとってであれ、法や規範は自明なものだと主張した哲学もあった。さらに、道徳教育と性格を養う訓練が必要だということを強調した哲学もあった。カントは、こうした主題に関して何世紀にもわたって生み出されてきたさまざまな哲学の継承者であるが、大胆なことに自然にも神にも頼ろうとせず、あらゆる人間を導く原理、普遍的理性による定言命令に訴えた。つまり、正しいことを行うために人びとが必要とするのは、彼らの行為が普遍的な法として定式化されうるように行為することだけである、というのである。

しかし、すでに述べたように、アーレントは、カントの努力はまだ十分には掘り下げられてはおらず、道徳哲学の核心に達していないと考えた。彼女にとって、その核心はソクラテスという範例や、そこから学んだヤスパースやブリュッヒャーのような人びとの範例において最もはっきりと見られるものだった。こうしたソクラテスの思考法は、彼女の言葉で言えばカントの命令をふくむあらゆる規範や法が――西洋の道徳哲学の伝統全体が――簡単に崩壊してしまった時代の生き残りたちに、(規則ではなく)範例的な指標を与えることができるものだった。「私たち――少なくとも私たちのうちの年配の者たち――は、一九三〇年代、四〇年代という時期、公私にわたる生活のなかですべての既成の道徳的基準が全面的に崩壊するのを目撃しました。ヒトラーのドイツだけではなく(これについては、今は普通はそう思われているのですが)スターリンのロシアにおいても[23]」。

アーレント自身が展開した道徳哲学の真のラディカルさは次のようなことにあった。こうした崩壊の証拠をしっかりと凝視しながら、彼女は、その時のたいていの目撃者たちや、それ以後のたいていの人びとが行っていたことをしなかった。つまり、道徳を立て直せとか、古き秩序に立ち返れとかと要求するようなことをしなかった。彼女は「善とは何か」とは問わなかった。その代わりに彼女が強調したのは、危機に直面した時、真に思考する人間は、規則や法を探すのではなく、こう述べる、ということだった。「わたしは自分自身にたいして忠実でなくてはならない。わたしは、自分と折り合いがつかないようなこと、思い出したくないようなことを行ってはいけない」と。「自己という標準」standard of the self は、「何世紀にもわたって道徳哲学のほとんど異口同音の前提」でありつづけてきた、とアーレントは主張した。しかし、そうした主張、つまりこの前提が一致したものだったという評価は、アーレント独特のものだった。カントもふくめて、たいていの哲学者たちは、この自己という標準を前提として立てることはできなかったし、ましてやそれを探究することもなかった。そうした前提は、哲学者たちには気に入らなかったし、——反省的判断の言葉で言えば——彼らはそれをよしとしなかった。彼らは、客観的であると想定されるような標準や規則や法のためには、自己という標準を棄て去らなくてはならないと強迫観念のように感じていた。彼らは、シェイクスピアに賛同して次のように言うことはできなかった。「汝自身に忠実であれ、そうすれば、汝はいかなるものにたいしても虚偽とはならないであろう」。アーレントが望んだのは、自己という標準をよみがえらせ、はっきりと力強く再主張し、それがもたらす帰結を探ることだった。「道徳性は単独の個人に関わります。正しいか正しくないかの基準 criterion、わたしは何をすべきかという問いにたいする答えを最終的に左右するのは、わたしが周囲の人びとと共有する習性や慣習でも、神あるいは人間に由来する掟でもなく、わたしがわたし自身を考慮して何を決断するのかということです。言いかえれば、わたしがある事柄を行えないのは、それを行うとわたしはわたし自身と共に生きていくことができないからなのです[24]」。道徳性とは、自身のなかで自身にとって何が真であったのか、そして今何が真なのかを――忘れずに――それに忠実であることなのである。

世界の出来事や自分自身が行ったこと、あるいはするかもしれないことによって思考へと誘われるとき、人間は内的な対話をもつことができる。彼らは自分自身に自らの経験を「ある種の物語として」語るように誘われ、「こうした仕方でそれをその後他の人びとに伝達する準備をし」、こうした仕方で記憶されるための準備をする。このように内的な対話という仕方で思考する人びとは、同様にこうした仕方で、思考する他の人びとの意見を聞く準備ができており、こうして反省的に判断する用意ができている。彼らは、拡大された思考の仕方をもつ注視者の共同社会にたいして、彼らの思考を提示する準備ができるのである。このように思考し、そして判断する能力をもたない人びとは、活動において間違ったことを行うだろう。さらには、「間違ったことを行うことは、この能力をだいなしにすることなのです[25]」とアーレントは述べている。

道徳的性格を理解するためのこのラディカルな言明が意味することは驚くほどである。間違ったことを行い、それによって思考の能力――内的な対話を行い、過去を思い出す能力――をだいなしにしている人は、〈その人自身の道徳的性格を破壊する〉ことになりかねない。「人間にとって、過去の事柄を考えることは、何が起ころうと――時代精神であれ、歴史であれ、たんなる誘惑であれ――それによって押し流されないように、深みのある次元で動き、根を下ろし、そのようにして自分自身を安定させることを意味します」。（対話としての思考という考えを拒否した）ハイデガーのように、そうした安定化を求めない人は、〈道徳的な〉性格をもたない。あるいは、（ここでは〈性格〉characterというよりもむしろ〈道徳的人格〉moral personalityという言葉を使いながら）彼女が表現したように、こう言うこともできるだろう。「思考のプロセスにおいて……わたしは明確にみずからある人物personとなるのです。そして、何度でも新たに［強調は筆者］そのようなことを行いうるかぎり、わたしはそうした人物であり続けるのです。もし、これが一般的に［道徳的］人格と呼ばれるものであり、才能や知能とは関係がないものであるとすれば、［その時］人格は思慮深さからほとんど自動的に生じるままの結果であるということです」(26)。

わたしは、こうした言い回しのなかでアーレントが、自己という標準が道徳性の経験的な核心であるという彼女の主張を論拠づけようとしていたのだと考えている。しかし、アーレントの論証は十分ではなかったとも思う。彼女は、最後に書いた本のなかの「思考」の部分のなかで主張を展開しているのであるが、「意志」の部分を書き、「判断」の部分のための講義を準備した後に、そこに再び立ち戻ることはなかった。精神的能力の相互関係についての彼女の強調を考えると、思考することだけが道徳性の中心であり源であるとは思われない。あるいは、思考する自我が、自己という標準のための自己であるとも思われない。アーレントが私たちに教えたのは、自己を、思考だけによってではなく、愛することで関係づけられた意志（「持続する自我」）によって、判断という拡大された思考の仕方によって、形成された性格として考えることであった。意志することによって形成されたこの性格は、その個別性、単独性、あるいは関連性を破壊するような意志作用を支持しないように訓練されている。不可分の自己という尺度もまた、反省的に判断する自我によって、つまり一人で判断するのではなく他者との関係のなかで、拡大された思考の仕方において判断する自我によって支えられている。

殺人者——あるいは嘘つき、あるいは泥棒——と共に生きることはしないと決断している人びとは、何を為すべきか、どのような活動の方向を意志すべきか、とりわけ他者との関係において何を行うべきかについて判断する人びとでもある。彼らは決断する時しばしば信頼できる他者に相談する。彼が自己という標準を作り上げるのは、孤立した思考の「これを行うな」といった言葉においてだけではなく、意志や判断の領域からの定式化によってでもある。意志の領域からの例をあげるなら、キリスト教徒においては「人びとからしてほしいと望むことは、人びとにもそのとおりにせよ」という黄金律がある。あるいは、中国の賢人である孔子が見いだした（そして『論語』で弟子たちに教えた）この格言に相当する深淵な表現では、「自分自身に為されたくない行いを他人に加えてはならない」と言われる。孔子の格言が示唆しているのは、自分が経験し記憶した（あるいは他者の経験を聞くことによって経験を想像できる）危害を他者に加えるのをやめよということである。それは、まず未来へと目を向ける（「人びとに…せよ」）のではなく、例としての過去の経験を引き合いに出し——反省的判断力を使用し——過去の加害を未来において繰り返すことをやめるのである。神の導きのために祈る人びとさえ、他者との関係のなかで思考し、意志し、判断するという自己の基準を使っているように思われる。そして、キリスト教や儒教の格言の異なったかたちの数々の定式化が、枢軸時代の宗教に由来するあらゆる宗教に見られると思う。たしかに、カントの定言命令が、もっと法律的でなく、もっと命令的でなく、もっと定言的でない言葉で表現されたなら、それはアーレントによる説得的な批判を免れることができただろうし、儒教による良識的な自己の標準に似たものであったかもしれない。つまりこう言えたかもしれない。「あなた自身に為されたくない行いを、人間の部族のいかなるメンバーにも行わないようにせよ、なぜなら、こうした行いが規範になってしまうと、あなたがそうした危害を再びうけ、あなたもまた危害を行うであろうから」と。

わたしは、自己という標準は道徳性の核心であるということを信じているし、こうしたことはわたしにとって快である（わたしの判断する自我にとって快である）。なぜなら、こうした標準は、道徳的で宗教的な伝統をもつどのような人びとにとっても説得性があると思われるからだ。あなたはどのように判断するだろうか？

もし世界中の哲学者の著作から集められた愛についてのアンソロジーがあったとしても、ハンナ・アーレントによって書かれた言葉はそこにはふくまれないだろう。彼女は「愛について」いかなるエッセイも論文も書かなかった。私たちが見たように、『精神の生活』の「意志」の部で、彼女はたしかに、愛は意志の自由を示す意志の分裂（わたしは意志するという意志と、わたしは否と意志するという意志）を修復すると主張した。しかし、彼女はそこで、愛について考えを練り上げたわけではなかった。また、彼女の洞察を、アメリカの活動の人びと、自分たちの予測不可能な活動が新しい政体を導くかどうかを懸念し、新しいローマのために創設伝説に頼った建国の父たちの議論に結びつけたわけでもなかった。しかし、そこに欠落していた結びつきと愛について、彼女が詳しくはどう考えているのかという点を、私たちは『人間の条件』のなかに見いだすことができる。

アーレントにとって、愛は本質的に無世界的なものだった。すなわち、愛が存在するのはただ私的な領域において、二人の人間のあいだの愛、あるいは家族の愛としてだけである。公開性は愛を破壊する（ニュースメディアという公的領域で愛を祝おうとする人びとがすぐに思い知らされるように）。『人間の条件』のなかにアーレントが書きとめていることだが、アウグスティヌスは、キリスト教の共同体にとって愛は政治的原理でありうるし、そうであるべきだと提案しつつも、そうした共同体は無世界的であるだろうと想定していた。実際に、中世の修道院共同体のような原理にもとづいて成長した共同体は無世界的であったが、アウグスティヌスが思い描き、あるいは聖フランチェスコがほとんど制度化していた愛の共同体ではなかった。修道院の秩序は、かなり権威主義的であることも多い規則や法規に依拠していた。ナザレのイエスが教えたような愛は、世界に現れるやいなや、あるいは政治的原理として掲げられるやいなや逆用されることになる。愛は、善行を行う人びとにたいしてさえ隠されたままでなければならない――イエスの教えでは、左手ですら右手が行っていることを知るべきではない。私たちの報いは神からのみ来る。同じように、ユダヤの伝統においても、神が世界を助けたいと思うのは、そこにいる三六人の義の人たちのためであるが、彼らは誰にも知られておらず、彼ら自身にも知られていない。[27]

『人間の条件』のなかでアーレントはマキアヴェッリ（と彼の思想のギリシアおよびローマ的源泉）に同意し、活動を判断する基準は善ではなく偉大さであると考えた。「隠されたところから出てきて公的役割を想定するような善は、もはや善ではなく、それ自身の意味において堕落しており、どこへ向かおうと、それ自身の堕落をもち運ぶであろう」。（もっとも彼女は、善が行為に現れて堕落しても、「組織された慈善行為あるいは連帯の行為としては、有用であるかもしれない」ということは認めてはいた。[28]）私たちが生きている今、あらゆる種類の宗教的イデオローグたちは、マキアヴェッリが彼の時代の教会と国家のために思い起こそうとしたキリスト教の中世の堕落についての教訓を、忘れ去っている。そうした時、私たちは、アーレントが現代的にマキアヴェッリ的であろうとした努力に新たに耳を傾けることができる。それでもなお、善の堕落についての彼女の警告、衝突しあう宗教信者たちから現在出てきているような、善が暴力のための正当化にすぎなくなるようなあり方について、彼女の警告を思い出すことは、重要である。

しかし、正義を愛することによって人びとは公正になるというアーレントの主張はどうだろうか。公正な――すなわち思慮分別のある――性格を養成するということは、私的にも起こりうる。「魂の重力」としての愛は、人と人とのあいだの愛、親子の愛や大人同士の愛にもとづいて内的に経験される。（アーレントの理解では、恋人たちは、子供を生むことによって「現存の世界に新しい世界を挿入する」まで無世界的に彼らの愛のなかにとどまる。子供は「世界を代表」し、新しい始まりとして愛され生み出されなければならない。(29)）愛によってはぐくまれた性格は、世界に再び関与し、公的領域のなかで活動する。少なくとも、愛によってその性格をはぐくまれた人物は、性格が明らかになり、人物が〈誰〉であるかが現れうる共通世界あるいは公的領域を保護しようとする。愛によってその性格をはぐくまれた人物は、最終的には愛から生まれ出る活動——連帯の活動、相互誓約という活動——が存在しうる場所としての世界を保護したいと思うだろう。

未来を確かなものにする政治的能力が約束を行うことであると考えた際に、私たちが書きとめておいたように、保護にかかわるこうした努力のことを、アーレントは敬意 respect と呼んでいた。『人間の条件』で彼女が書いているように、「敬意は、アリストテレスの友愛 *philia politike* に似た、親密さや内密さのないある種の「友情」である。それは、世界という空間が私たちのあいだに置く距離をもった人物への配慮である(30)」。私たちのあいだの空間は、私たち自身のものとは異なる他の人物の観点を私たちが認めることを可能にする空間である。その空間によって、私たちは、注視者——判断者——となり、敬意をともなう友情のなかで私たちの判断や意見に差異があることを楽しみ、約束を行い、それを通じて私たちの差異を政治的な生のために和解させることができるのである。

アーレントの『精神の生活』は、未完成の状態であっても、ソクラテスの思考、聖アウグスティヌスの意志、カントの反省的判断という範例への彼女の応答として経験することができる。そうした例のそれぞれから彼女は学び、またそれを批判した。彼女は、高貴な本性をよりどころとせずに、悪を行うことへの道徳的な抵抗を導くような思考を探した。彼女が探した意志は、愛によって修復され、敬意をともなう意志作用、あるいは活動を導くが、愛を政治的原理とはしないものだった。彼女が求めた判断は、その反省性を規範へと引き渡さないような判断だった。彼女の行ったことは、非常に複雑な哲学的プロジェクトであり、彼女が彼女自身の経験にもとづいて、彼女自身の歴史的コンテクストのなかでそのコンテクストにたいして行った範例的な授業を広く統合したものであった。ハインリッヒ・ブリュッヒャーは、彼自身の用語を使って、相互に関連し、共に発展しなければならない人間と人間的な営為のこれら三つの領域について語っている。「哲学、あるいは自己自身にたいする人間の関係。性愛 erotics、あるいは人間と人間の関係。そして政治、あるいは人類にたいする人間の関係」と。(31)

ブリュッヒャーは、人類にたいする人間の関係は、「最も困難な」領域であると認めていた――判断することが、それに携わるのは最も喜ばしいけれども最も難しい営為であったように。精神の生活のなかで、判断は現実、とりわけ先例のない現実に断固として立ち向かう姿勢と同時に、カントの拡張された思考の仕方や、自分自身の観点を他者に押しつけないという意志を必要とする。政治における判断は、人類というまとまりを理解し、自身の集団のヘゲモニー、あるいは自身の国家の主権を放棄することを必要とする。ヤスパースは、『歴史の起源と目標』において、連邦国家という未来の世界秩序の可能性を想像した時に、政治的な結論を明確に述べていた。

全体としての人類の主権ではない主権が残るところでは、不自由の源も残る。なぜならそれ［国家主権］は力にたいする力として自己主張しなければならないからだ。力の組織、征服［、］そして征服による帝国建設は、たとえ出発点が自由な民主主義であったとしても、独裁制を導く。そうしたことは、ローマが共和政から帝政に移行した時にも起こった。征服を行う民主主義は民主主義の自己放棄である。フランス革命がナポレオンの独裁に移行した時にも起こった。他者とよい関係にある民主主義は、平等の権利をともなうすべての者たちと連合するための基礎を築く。全面的な主権の要求は、コミュニケーションの欠乏した自己主張というエネルギーに根ざしている。それがどのような結果をもたらすかは、主権の概念が定義された［ヨーロッパの］絶対主義の時代において、言葉と行為において苛酷なかたちで意識された。[32]

ヤスパースと同様に、アーレントは、他者の判断をふくむ拡張された思考の仕方からいかなる個人を排除することも、人類から個人や集団を排除することに通じていると理解していた。精神的な主権性、すなわち精神的な民主主義の欠如は、「全体としての人類のそれではない」政治的主権に手を貸してしまう。判断し考慮することから人びとを除去することは、人類と人間の歴史から彼らを除去することに手を貸す。そして彼らを考慮に入れることは、彼らの存在がふくまれるようにすることに寄与するのである。『全体主義の起原』の時期から、アーレントは、拡張された思考の仕方が、思考と判断の欠如による犯罪が人類にたいして行われるような事態を防ぐと理解していた。彼女はいつも、そのような犯罪の犠牲者たちと連帯するという視点から議論をくり広げており、未来のために彼らの物語を語ることが彼女の人生の課題だという信念をもっていた。だからこそ、彼女は『全体主義の起原』の第一版を、その本で自分が語った物語の有用性についての次のような言葉でしめくくったのだ——その言葉は、なぜアーレントの思想が重要なのかということを、今でも照らしだしている。

結局のところ、注意ぶかく企図された歴史の始まりだけが、注意ぶかく考案された新しい政治組織だけが、人類から追放され、人間の条件から切断された人びと、いまだ増えつづけているそうした人びとを再び私たちのもとに迎え入れることを可能にするだろう。人類にたいする犯罪を認識することは、それだけでは自由を達成することも正義を達成することもないだろう。なぜなら、自由や正義はすべての市民たちの日々の生活に関わる事だからである。つまり、人類にたいする犯罪を認識することとは、あらゆる人が闘いに参加することを保証するものでしかない。人間の諸権利という概念が意味をもつのは、それらが人間の条件、人間の共同社会に属することに依存する条件そのものにたいする権利なのだと再定義される場合でしかない。その権利は何らかの生来の人間の尊厳に存するものではけっしてない。そうした尊厳は、事実上 *de facto* 仲間の人びとによる保証がなければ存在しないだけではなく、長い歴史のなかで私たちが発明した究極的で尊大な神話なのだ。人権が実現されるのは、それらが新しい政治組織の前政治的な基礎となるときだけである。新しい法的構造の前法律的基礎、人類の歴史がその本質的な意味を引き出す前歴史的な基礎となるときだけである……

私たちの問題にたいして解決策を発見したようなふりをしたあの新しい運動の、千年王国と救世主の時代を築き上げたという空想的な主張が、まったく逆の証拠がどんどん出て来ているにもかかわらず信じられているのは、それらが、極端に破壊的なやり方であれ、時代の恐ろしい挑戦に応答しているからである。しかしそうこうするうちに、そうした運動の起原を発見し、それらの形態を熟考することが、有用なこととなってきたのかもしれない。これによって、地上に新しい法を設立することができるわけではないが、それは新しい形の、あるいは普遍的な連帯への一つの道である。

というのも、人類から、人間の歴史から追放され、それによって人間の条件を奪われた人びとは、「人間の不朽の年代記」に彼らの正当な場所を確保してくれるすべての人びととの連帯を必要としている。ともかく私たちは、正当にも絶望している人びとそれぞれに向かって、大声で呼びかけることはできる。「汝みずから害するな、私たちは皆ここにいる」(使徒行伝、第十六章二八)と。(33)

注

以下、他の著者名の記載がない場合は、すべてハンナ・アーレントの著作である。

序章

（1）『イェルサレムのアイヒマン』七四頁、七六頁（*Eichmann in Jerusalem*, pp. 93, 95）。

（2）同上、八四頁（*Ibid*., p. 106）。

（3）『人間の条件』一六頁（*The Human Condition*, "Prologue," p. 6）。

（4）『イェルサレムのアイヒマン』二二頁（*Eichmann in Jerusalem*, p. 27）。

（5）「はじめに」『暗い時代の人々』一〇頁（*Men in Dark Times*, "Preface," p. ix）。

（6）「暗い時代の人間性」、同上、二六頁（*Ibid*., "On Humanity in Dark Times," p. 11）。

（7）「カール・ヤスパース　賞賛の辞」、同上、一二四頁（*Ibid*., "Karl Jaspers: A Laudatio," p. 77）。

（8）「はじめに」、同上、一〇頁（*Ibid*., "Preface," p. ix）。

（9）「政治における嘘——国防総省秘密報告書《ペンタゴン・ペーパーズ》についての省察」『暴力について』一〇頁（*Crises of the Republic*, "Lying in Politics: Reflections on the Pentagon Papers," sec. I, p. 13）。

（10）「伝統と近代」『過去と未来の間』（*Between Past and Future*, "Tradition and the Modern Age"）を参照。

（11）「暗い時代の人間性」『暗い時代の人々』三九頁（*Men in Dark Times*, "On Humanity in Dark Times," p. 20）。

(12) イマニュエル・カント『純粋理性批判』上、原佑訳、平凡社、三三四頁。アーレントによる引用は、「道徳哲学のいくつかの問題」『責任と判断』一六一頁（*Responsibility and Judgment*, "Some Questions of Moral Philosophy," p. 137）。

(13) 「カール・ヤスパース　賞賛の辞」『暗い時代の人々』一二六頁（*Men in Dark Times*, "Karl Jaspers: A Laudatio," p. 78）。

(14) E・エティンガー『アーレントとハイデガー』大島かおり訳、みすず書房（Elżbieta Ettinger, *Hannah Arendt/Martin Heidegger*, New Haven: Yale University Press, 1995）。わたしは『ハンナ・アーレント――世界愛のために』（『ハンナ・アーレント伝』荒川幾男・原一子・本間直子・宮内寿子訳、晶文社）の第二版（Elizabeth Young-Bruehl, *Hannah Arendt: For Love of the World*, 2d ed., New Haven: Yale University Press, 2004）の新しい序文で、エティンガーの本について詳しく論じている。

(15) エティンガー『アーレントとハイデガー』六三頁、一〇八頁、一〇二頁、一一〇頁（Ettinger, *Arendt/Heidegger*, pp. 42, 78, 74, 79）。

(16) アーレントからヤスパースへの一九四九年三月十一日付の手紙。『アーレント＝ヤスパース往復書簡 1』一五三頁（*Arendt/Jaspers Correspondence*, p. 133）。

(17) 「地獄絵図」『アーレント政治思想集成 1』二七三頁（*Essays in Understanding*, "The Image of Hell," p. 201）。ヤスパースは、ハイデガーとの書簡のなかだけでなく最近ドイツ語で公刊された自伝的エッセイのなかでも、ハイデガーと決別するという彼の決断をはっきり書き残している。これらの書簡が抜粋された英語版として、*Karl Jaspers: Basic Philosophical Writings*, ed. E. Ehrich, L. H. Ehrich, and G. Pepper, Atlantic Highlands, N. J.: Humanities Press International, 1994 を参照。

(18) 『精神の生活』第二部、二〇七頁（*The Life of the Mind*, pt. 2, p. 173）。

(19) 『イェルサレムのアイヒマン』二二九頁（*Eichmann in Jerusalem*, p. 298）。

(20) 『ラーエル・ファルンハーゲン』四〇頁（*Rahel Varnhagen*, p. 35）。

(21) 同上、一六頁（*Ibid*., p. 8）。

（22）「実存哲学とは何か」『アーレント政治思想集成 2』二五四頁（*Essays in Understanding*, "What is Existential Philosophy?" p. 187)。

1　『全体主義の起原』と二一世紀

（1）「暗い時代の人間性について」『暗い時代の人々』四六頁（*Men in Dark Times*, "On Humanity in Dark Times," p. 24)。

（2）今日読むことを薦めたいのは、モーゲンソーの「ヴェトナムでわれわれは勘違いしている」("We Are Deluding Ourselves in Vietnam," *New York Times Magazine*, April 18, 1965）である。その記事、とりわけ次のようなモーゲンソーの論点は、アメリカの指導者についてのアーレントの考えに大きな影響を与えた。「政府は、自分たちの気に入るような仮想の世界を作り上げ、そうした世界のリアリティを信じるようになり、そしてあたかもそれが現実であるかのように行為する」。

（3）「何が残った？　母語が残った」『アーレント政治思想集成 1』二〇頁（*Essays in Understanding*, "What Remains? The Language Remains. A Conversation with Günter Gaus," p. 13)。『ハンナ・アーレント伝』二六一—二六二頁（Elizabeth Young-Bruehl, *For Love of the World*, 2d ed., p. 185）参照。

（4）アーレントからヤスパースへの一九四七年九月四日付の手紙。『アーレント＝ヤスパース往復書簡 1』一一二頁（*Arendt/Jaspers Correspondence*, p. 98)。

（5）*Origins of Totalitarianism*, pp. 631–632.〔この「結び」の部分は、『全体主義の起原』英語版初版にふくまれていたが、二版以降は削除された。邦訳はドイツ語版を底本としているので、この部分はふくまれていない〕。

（6）*Ibid*., p. xxvii.〔『全体主義の起原』英語版初版の序文〕。

（7）「ナチ支配の余波」は、『アーレント政治思想集成 2』四七—七四頁（*Essays in Understanding*, pp. 248–269）に再掲されている。

（8）「権威とは何か」『過去と未来の間』一三三—一三五頁（*Between Past and Future*, "What Is Authority?" pp. 95,

99)。

(9) 「「神の代理人」沈黙による罪?・」『責任と判断』二七九—二九二頁 (*Responsibility and Judgment* "*The Deputy*: Guilt by Silence?" pp. 214–226)。

(10) 『精神の生活』第一部、八頁 (*The Life of the Mind*, pt. 1, p. 5)。

(11) 『全体主義の起原3 全体主義』三〇一頁 (*The Origins of Totalitarianism*, "Ideology and Terror," p. 593)。

(12) 「宗教と政治」『アーレント政治思想集成 2』二一三頁 (*Essays and Understanding*, "Religion and Politics," p. 379)。

(13) 同上、二〇五頁 (*Ibid*., p. 373)。

(14) 「政治入門」『政治の約束』一三一頁 (*The Promise of Politics*, "Introduction into Politics," p. 200)。

(15) *New York Times*, December 15, 2005, p. A–21 を参照していただきたい。

(16) *The Origins of Totalitarianism*, "Concluding Remarks," p. 623.

(17) *Ibid*., p. 626.

(18) *Ibid*., p. 631.

(19) Bruce Lawrence, ed., *Messages to the World: The Statements of Osama bin Laden*, New York: Verso, 2006 参照。

2 人間の条件と重要となる活動

(1) アーレントからヤスパースへの一九五五年八月六日付の手紙。『アーレント＝ヤスパース往復書簡 2』四〇—四一頁 (*Arendt/Jaspers Correspondence*, p. 264)。

(2) 「プロローグ」『人間の条件』一五頁 (*The Human Condition*, "Prologue," p. 6)。

(3) 同上、第一章1、一九頁 (*Ibid*., pt.1, sec. 1, p. 9)。

(4) 同上、第一章1、二二一頁 (*Ibid*., pt. 1, sec. 1, p. 24)。

（5）　同上、第一章2、二六頁（*Ibid.*, pt. 1, sec. 2, p. 14）。

（6）　『革命について』四四四頁（*On Revolution*, p. 318*n*. 1）。

（7）　同上、四三六頁（*Ibid.*, p. 280）。

（8）　「カール・ヤスパース　賞賛の辞」『暗い時代の人々』一一〇頁（*Men in Dark Times*, "Karl Jaspers: A Laudatio," p. 75）。

（9）　『人間の条件』第五章二八、三三〇頁（*The Human Condition*, pt. 5, sec. 28, p. 184）。

（10）　「暗い時代の人間性」『暗い時代の人々』三九頁（*Men in Dark Times*, "On Humanity in Dark Times," p. 20）。

（11）　同上、四〇―四一頁（*Ibid.*, p. 21）。

（12）　『人間の条件』第五章二八、三二四頁（*The Human Condition*, pt.5, sec. 28, p. 180）。

（13）　その区別は『人間の条件』において、後にはもっと詳しく『暴力について』のなかで行われた。

（14）　Richard Drayton, "Shock, Awe and Hobbes Have Back-Fired on America's Neocons," *Guardian*, December 28, 2005 参照。

（15）　『革命について』二七〇頁（*On Revolution*, p. 174）。

（16）　シュトラウスについての最近の論文のビブリオグラフィーをふくむ、Danny Postel, "Noble Lies and Perpetual War," on www. opendemocracy, October 15, 2003 を参照。

（17）　トマス・ホッブズ『リヴァイアサン』㈠、水田洋訳、岩波書店、二〇七―二二五頁（Thomas Hobbes, *Leviathan*, New York, Penguin, 1985, bk. 13）。

（18）　同上、㈡、二三九―二五八頁、八六―一〇五頁（*Ibid.*, bks. 29, 21）。

（19）　「画一主義の脅威」『アーレント政治思想集成 2』二七七頁（*Essays in Understanding*, "The Threat of Conformism," p. 427）。

（20）　『人間の条件』第五章三三、三七一頁（*The Human Condition*, pt. 5, sec. 33, p. 215）。

（21）　同上、三七三頁（*Ibid.*, p. 214）。

（22）　同上、三七六頁、四〇〇頁（*Ibid.*, pp. 215, 362*n*80）。

(23) 同上、三七六頁（*Ibid.*, p. 216)。
(24) 同上、三一七頁（*Ibid.*, p. 217)。
(25) ルカ書第七章四七。『人間の条件』第五章三三、三七七—三七八頁（*The Human Condition*, pt. 5, sec. 33, p. 218)。
(26) 「アンジェロ・ジュゼッペ・ロンカーリ　ローマ教皇ヨハネス二三世」『暗い時代の人々』九五—一一四頁（*Men in Dark Times*, "Angelo Giuseppe Roncalli: A Christian on St. Peter's Chair from 1958 to 1963," pp. 57–70)。
(27) 『イェルサレムのアイヒマン』二三一—二三三頁（*Eichmann in Jerusalem*, p. 289)。
(28) 同上、二一〇頁（*Ibid.*, p. 272)。
(29) 一九五七年のクリスマスにアラバマ州モントゴメリーのデクスター街バプテスト教会で行われたマーティン・ルーサー・キングによる説教、「汝の敵を愛せよ」("Loving Your Enemies")。マーティン・ルーサー・キング『汝の敵を愛せよ』、蓮見博昭訳、新教出版社。
(30) Desmond Tutu, *No Future Without Forgiveness*, New York: Doubleday, 1999, p. 23.
(31) Pumla Gobodo-Madikizela, *A Human Being Died That Night*, New York: Houghton Mifflin, 2003, p. 15.
(32) Tutu, *No Future Without Forgiveness*, p. 272.
(33) *Ibid.*, p. 279.
(34) *Ibid.*, p. 30.
(35) 『人間の条件』第五章三四、三八一頁（*The Human Condition*, pt. 5, sec. 34, p. 219)。
(36) 同上、三八一頁（*Ibid*, p. 217)。
(37) 「市民的不服従」『暴力について』八三頁（*Crises of the Republic*, "Civil Disobedience," p. 66)。
(38) 『革命について』三五七頁、三六九頁、二七二頁（*On Revolution*, pp. 223, 230, 176)。
(39) 同上、二三九頁（*Ibid.*, p. 154)。
(40) 同上、二七〇頁（*Ibid.*, p. 174)。
(41) 同上、三八〇頁（*Ibid.*, p. 239)。
(42) 同上、四三三頁（*Ibid.*, p. 278)。

（43）「市民的不服従」『暴力について』八一頁（*Crises of the Republic*, "Civil Disobedience," p. 89）。

（44）『革命について』四三九—四四〇頁（*On Revolution*, p. 282）。

（45）アーレントからブリュッヒャーへの一九六八年九月一日付の手紙（*Wihtin Four Walls*, p. 388）。

（46）Adam Michnik, *Letters from Prison and Other Essays*, trans. Maya Latynski, Berkeley : University of California Press, 1985）。アーレント『暴力について』一六八頁（*On Violence*, p. 80）。

（47）ニュースクールの Elzbieta Matynia に感謝する。この情報については、彼女による近刊書のなかで議論される。

（48）Václav Havel, "The Power of the Powerless," in Havel *et al*., *The Power of the Powerless : Citizens Against the State in Central-Eastern Europe*, Armonk, N. Y.: M. E. Sharpe, 1985.

（49）ヤスパース『ドイツの将来』への序文。Karl Jaspers, *The Future of Germany*, Chicago : University of Chicago Press, 1967, p. v.

（50）*Ibid*., p. ix.

（51）*Ibid*., p. viii. ヤスパースからの引用。

（52）コーン＝バンディはアーレントとのかかわりについて、二〇〇五年十二月三日の『ヴェルト』紙（*Die Welt*）でインタヴューを受けている。その英語訳は、www.signandsight.com/features/510.html.

（53）『暴力について』一〇九—一一一頁（*On Violence*, pp. 17–18）。

（54）「画一主義の脅威」『アーレント政治思想集成 2』二七七頁（*Essays in Understanding*, "The Threat of Conformism," p. 427）。

（55）『人間の条件』第六章四五、五〇〇頁（*The Human Condition*, pt. 6, sec. 45, p. 295）参照。

（56）同上、「プロローグ」一三頁（*Ibid*., "Prologue," p. 4）。

（57）「身からでたさび」『責任と判断』三二九—三四八頁（*Responsibility and Judgment*, "Home to Roost," pp. 257–275）。

（58）同上、三三五頁（*Ibid*., p. 264）。

（59）「政治における嘘」『暴力について』三五頁（*Crises of the Republic*,"Lying in Politics," p. 34）。

3 『精神の生活』について考える

（1） *Origins of Totalitarianism*, "Preface," p. xxvi.

（2） アーレントからマッカーシーへの一九六八年十二月二一日付の手紙。『アーレント＝マッカーシー往復書簡』四一五頁（*Between Friends*, p. 230）。『革命について』三七〇―三七一頁（*On Revolution*, p. 232）。

（3） アーレントからヤスパースへの一九五七年八月二九日付の手紙。『アーレント＝ヤスパース往復書簡 2』一〇四頁（*Arendt/Jaspers Correspondence*, p. 318）。

（4） カントの『人間学』について言及している、「道徳哲学のいくつかの問題」『責任と判断』一六五―一六七頁（*Responsibility and Judgment*, "Some Questions of Moral Philosophy," p. 141）。

（5） 『精神の生活』第二部、二七八頁（*The Life of the Mind*, pt. 2, p. 257）参照。

（6） 「道徳哲学のいくつかの問題」『責任と判断』一六一頁（*Responsibility and Judgment*, "Some Questions of Moral Philosophy," p. 137）。カントの引用。

（7） 『精神の生活』第二部、二八八頁、二九四頁（*The Life of the Mind*, pt. 2, pp. 263, 268）。

（8） 同上、二八七頁（*Ibid*., p. 263）。

（9） 「ソクラテス」『政治の約束』四三頁（*The Promise of Politics*, "Socrates," p. 13）。

（10） モンテーニュ「自惚について」『エセー』㈣、原二郎訳、岩波書店、一〇三頁（Michel de Montaigne, "Of Presumption," *The Complete Essays of Montaigne*, trans. Donald Frame, Stanford: Stanford University Press, 1958, p. 499）。

（11） 「政治入門」『政治の約束』二〇〇頁（*The Promise of Politics*, "Introduction into Politics," p. 168）。

（12） モンテーニュ「自惚について」『エセー』㈣、一〇四―一〇五頁（Montaigne, "Of Presumption," p. 499）。

（13） モンテーニュ「食人種について」『エセー』㈠、原二郎訳、岩波書店、四〇四頁（Michel de Montaigne, "Of Cannibals," *Complete Essays of Montaigne*, p155）。

（14）『精神の生活』第二部、二四一頁（*The Life of the Mind*, pt. 2, p. 202）。
（15）『革命について』三六九頁（*On Revolution*, p. 230）。
（16）『精神の生活』第一部、二一四頁（*The Life of the Mind*, pt. 1, p. 185）。
（17）同上、二三二頁（*Ibid*., pp. 190–191）。
（18）同上、一一六頁（*Ibid*., pt. 2, p. 95）。
（19）同上、二三三頁（*Ibid*., p. 195）。
（20）アーレントからヤスパースへの一九四九年九月二九日付の手紙。『アーレント＝ヤスパース往復書簡 1』一六三―一六四頁（*Arendt/Jaspers Correspondence*, p. 142）。
（21）『精神の生活』第二部、二〇七頁（*The Life of the Mind*, pt. 2, p. 173）。
（22）同上、二五八頁（*Ibid*., p. 216）。
（23）「道徳哲学のいくつかの問題」『責任と判断』六七頁（*Responsibility and Judgment*, "Some Questions of Moral Philosophy," p. 52）。
（24）同上、一二三頁、一一八頁（*Ibid*., pp. 102, 97）。
（25）同上、一一四頁（*Ibid*., p. 94）。
（26）同上、一一六頁（*Ibid*., p. 95）。
（27）『人間の条件』第二章一〇、一〇四―一〇六頁（*The Human Condition*, pt. 2, sec. 10, pp. 66–68）。
（28）同上、一〇八頁（*Ibid*., p. 69）。
（29）同上、第五章三三、三七八―三七九頁（*Ibid*., pt. 5. sec. 33, p. 218）。
（30）同上。
（31）*Wihtin Four Walls*, "A Lecture from the Common Course," p. 397.
（32）カール・ヤスパース『歴史の起源と目標』重田英訳、理想社、三六〇頁（Karl Jaspers, *The Origin and Goal of History*, New York: Routledge and Kegan Paul, 1953, p. 197）。ドイツ語の原本は一九四九年。
（33）*The Origins of Totalitarianism*, pp. 631–632.〔1章注（5）を参照していただきたい〕。

ハンナ・アーレントの著作

ハンナ・アーレントの著書は、多くの英語の版、多くの異なる出版社からのものが存在し、それらは広範に翻訳されてきた。本書の注では、わたしは最新の版を引用し、頁数だけを示すのではなく、章や節やエッセイ名を示し、引用箇所をどの版でも確認できるようにした。以下に列挙したのは、本書で使用した英語の著作〔一部ドイツ語のものもふくむ〕である。

＊〔 〕の中は本書の翻訳で参照した邦訳書である。ただし、その原本は、ブルーエルの使用した以下の版とかならずしも同一ではない。——訳者

The Origins of Totalitarianism [1951]. Rev. ed.; New York: Schocken, 2004.（一九五八年、一九六八年、一九七二年の版からのすべての序文と追加部分をふくんでいる）。〔『全体主義の起原』大久保和郎・大島通義・大島かおり訳、みすず書房、1・2：一九七二年　3：一九七四年〕。

The Human Condition. Chicago: University of Chicago Press, 1958.〔『人間の条件』志水速雄訳、筑摩書房、一九九四年〕。

Rahel Varnhagen: The Life of a Jewess [1958]. Complete ed; Ed. Liliane Weissberg. Baltimore, Johns Hopkins University Press, 1997.〔『ラーエル・ファルンハーゲン』大島かおり訳、みすず書房、一九九九年〕。

Between Past and Future: Six Exercises in Political Thought. New York: Viking, 1961.（一九六八年に二つのエッセ

イが追加された。新版は二〇〇六年刊行)。〔『過去と未来の間』引田隆也・齋藤純一訳、みすず書房、一九九四年〕。
On Revolution. New York: Viking, 1963.〔『革命について』志水速雄訳、筑摩書房、一九九五年〕。
Eichmann in Jerusalem: A Report on the Banality of Evil [1963]. Rev. ed: New York: Viking, 1968.〔『イェルサレムのアイヒマン』大久保和郎訳、みすず書房、二〇〇三年〕。
Men in Dark Times. New York: Harcourt, Brace and World, 1968.〔『暗い時代の人々』阿部齊訳、筑摩書房、二〇〇五年〕。
On Violence. New York: Harcourt, Brace and World, 1970.（Crises of the Republic にふくまれている)。
Crises of the Republic. New York: Harcourt Brace Jovanovich, 1992.〔『暴力について』山田正行訳、みすず書房、二〇〇〇年〕。
The Life of the Mind. Ed. Mary McCarthy. 2 vols. New York: Harcourt Brace Jovanovich, 1978.〔『精神の生活』上・下、佐藤和夫訳、岩波書店、上：一九九四年　下：一九九五年〕。
Hannah Arendt/Karl Jaspers Correspondence, 1926–1969. Ed. Lotte Köhler and Hans Saner. New York: Harcourt Brace Jovanovich, 1992.〔『アーレント＝ヤスパース往復書簡』１・２・３、大島かおり訳、みすず書房、二〇〇四年〕。
Essays in Understanding, 1930–1954. Ed. Jerome Kohn. New York: Harcourt Brace & Company, 1994. Paperback ed., New York: Schocken, 2005.〔『アーレント政治思想集成』１・２、齋藤純一・山田正行・矢野久美子訳、みすず書房、二〇〇二年〕。
Between Friends: The Correspondence of Hannah Arendt and Mary McCathy, 1949–1975. Ed. Carol Brightman. New York: Harcourt, Brace, 1995.〔『アーレント＝マッカーシー往復書簡』佐藤佐智子訳、法政大学出版局、一九九九年〕。
Hannah Arendt and Kurt Blumenfeld *"... in keinem Besitz verwurzelt": Die Korrespondenz*. Ed. Ingeborg Nordmann and Iris Pilling. Hamburg: Rotbuch, 1995.〔ハンナ・アーレント＝クルト・ブルーメンフェルト往復書簡、未邦訳〕。
Within Four Walls: The Correspondence Between Hannah Arendt and Heinrich Blücher, 1936–1968. Ed. Lotte Köhler. New York: Harcourt, 1996.〔『アーレント＝ブリュッヒャー往復書簡』大島かおり・初見基訳、みすず書房、二〇一四

年〕。

Hannah Arendt and Hermann Broch. *Briefuechsel 1946 bis 1951*. Ed. Paul Michale Lutzler, Frankfurt am Main : Jüdischer Verlag/Suhrkamp, 1996.〔ハンナ・アーレント＝ヘルマン・ブロッホ往復書簡、未邦訳〕。

Responsibility and Judgment. Ed. Jerome Kohn, New York : Schoken, 2003.〔『責任と判断』中山元訳、筑摩書房、二〇〇七年〕。

Hannah Arendt and Martin Heidegger. *Letters, 1925–1975*. Ed. Ursula Ludz. New York : Harcourt, 2004.〔『アーレント＝ハイデガー往復書簡』大島かおり・木田元訳、みすず書房、二〇〇三年〕。

The Promise of Politics. Ed. Jerome Kohn. New York : Schoken, 2005.〔『政治の約束』高橋勇夫訳、筑摩書房、二〇〇八年〕。

謝辞

イェール大学出版部での編集を担当してくれたイレーヌ・スミス、原稿編集を担当してくれたスーザン・レアティ、そして彼女たちの同僚の方々に、その注意深い仕事と、「なぜXが重要か」シリーズの第一作に本書を選んでくれたという名誉とにたいして、御礼申し上げる。拙著『ハンナ・アーレント伝』もイェール大学出版部から公刊された。友人で編集者であるモーリーン・マックグローガンとの初版(一九八二年)における共同作業以来、同出版局からは、長年にわたってその伝記にたいしてありがたい配慮をうけた(第二版は二〇〇四年に公刊)。ジェローム・コーンが本書のためにどれほど貢献したかは、本書のなかに刻みこまれているが、親しい友人たちもまた、原稿のすべての部分または一部を読んでくれた。ダーレン・アーレント、ドミニク・ブラウニング、マイカ・バーチ、ジョナサン・シェル、ロイスおよびアーネスト・サットン(わたしの両親)、そしてエヴァ・フォン・レデッカーに感謝する。かつてわたしの学生であったダン・フランクが、今、ショッケン・ブックスでアーレントの書籍の出版をしていることに感謝する。ほぼ二五年の間わたしの著作権代理人を務めてくれているジョージ・ボルヒェルトの尽力にも感謝したい。そして、本書を喜んでクリスティーン・ダンバー医学博士(カナダ王立内科医学会フェロー)に捧げたい。「愛は大いなる教師である」(聖アウグスティヌス)。

訳者あとがき

本書はElisabeth Young-Bruehl, *Why Arendt Matters*, Yale University Press, 2006の全訳である。著者ヤング゠ブルーエルは、一九八二年に出版された浩瀚なアーレントの評伝（邦訳『ハンナ・アーレント伝』荒川幾男・原一子・本間直子・宮内寿子訳、晶文社、一九九九年）を書いた伝記作家としてよく知られている。この伝記は、一九七五年に逝去したアーレントの生涯の全貌を初めて明らかにしたエポック・メーキングな作品であり、今でも最も信頼の置ける典拠として参照されている。本書でも語られているように、著者は、ニューヨークのニュースクール・フォー・ソーシャルリサーチでアーレントを指導教官として学び、カール・ヤスパースに関する博士論文を書いた。アーレントの最後の助手を務めていたジェローム・コーンとならんで、学派などをまったく形成しなかったアーレントのほぼ唯一の「弟子」という立場にある。

しかし、著者はいわゆる「アーレント研究者」にはならなかった。当時入手可能なかぎりの膨大な資料にあたり、当時はまだ存命中の人たちも多かったアーレントの友人や知人にインタヴューをして、全力を傾けて伝記を仕上げた後、著者は精神分析の領域へと関心を移していったからである。以後、アンナ・フロイトの伝記や、精神分析と伝記叙述の問題をあつかった研究、「偏見」に関する精神分析学的研究（邦訳『偏見と差別の解剖』栗原泉訳、明石書店、二〇〇七年）などの著作を発表し、サイコセラピストとしても活動してきた。現在は、コロンビア大学精神分析訓練研究所に所属しており、さらには小説作品も発表するなど、多才を発揮している。

本書は、こうした活動を行ってきた著者が、二〇〇六年のアーレント生誕百年の年に、伝記公刊以後初めて書き下ろした、アーレントその人についての単行本である。他の分野での仕事に携わりながらも、著者は三〇年以上にわたってアーレントとの内的「対話」を続けてきた。著者が出した伝記も転機をもたらす一つのきっかけとなって、その後、世の中ではアーレントにたいする関心と理解が広がった。とくに、冷戦の崩壊以後、世界的にアーレントの思想への注目が高まり、数えきれないほどのシンポジウムなどが催されたり、膨大な研究書が出されたりした。そのことは、著者にとって一方では予感の当然の成就と見えていただろうが、同時に、かつて親しく知っていたアーレントの思索がときにはカルト化したり、紋切り型の流行語となったりしていく、なんとも口惜しい状況であったに違いない。そうした苦渋が本書のあちらこちらに垣間見られる。だからこそ、アーレントと内的に対話をし、アーレントの思想をそのつどの「今」との関係でどう生かすのかということを、ヤング＝ブルーエルは具体的に遂行してみせたのである。

著者の知名度の高さも手助けとなって、本書には数多くの書評が出た。ほとんどが好評で刊行を歓迎するものが多かったが、なかには辛らつな批判的コメントを加えたものもなかったわけではない。たとえば、スティーブン・アッシュハイムは、本書自体をアーレント崇拝の一例と見なし、「明らかに生誕百年の祝賀にあわせた軽佻浮薄 fluffy な仕事」であると断定した。「アーレントならどう言っただろう、彼女が亡くなってから三〇年を経たこの世界のことをどう思っただろう、彼女なら何がそこで重要な〈新しさ〉であると考えただろう」というヤング＝ブルーエルの発言を頭から拒絶し、そこで本書の価値を決めつけてしまう傾向の人びとも存在するようだ。アッシュハイムよりも内在的な批判を展開したダナ・ヴィラは、本書の論点に一定の偏りがあることが問題だと言う。たとえば、第二章では『人間の条件』が扱われているが、「言論と市民的活動を賞賛する〈ギリシア的な〉アーレント」像が「〈キリスト教化された〉アーレント」像の背後に隠れてしまっていること、『人間の条件』ではほんの少ししか取り上げられていない、いわば「脱線部分」であるはずの「許し」が中心的に論じられることなどを批判している。

たしかに、本書はいわゆるバランスのとれた研究書ではないし、とりわけ現代の出来事と関連する部分では、ときに延々と脱線する。本書に拠り所とすべき学術的な「模範解答」を求めようとする人なら、きっともどかしさを感じるだろうし、また、現代のさまざまな出来事への著者による短い注釈についても納得がいかない場合があるだろう。しかし、それらは、アーレントの死後を生きる著者が、「現代世界」の文脈のなかで「なぜアーレントが重要なのか」を呼びかける際に必要とした飛躍や連想や苦悶でもあったのだとわたしは思う。ダナ・ヴィラも指摘していることだが、アーレントがいわば「ブーム」になり、多くの遺稿集や研究書が公刊されていくその一方で、じつはアーレントを読む読者層は広がっていない。むしろ、アカデミズムの枠内に縮小しているのである。アーレントの葬儀の時、知識人層以外の見知らぬ人びと、たとえば「デニムのつなぎを着た」「農業労働者同盟」の人びとが現れて別れの場に加わったような時代は、もはや遠いものとなってしまった。ヤング＝ブルーエルの叙述の基底には、まさしくアーレントが抱いていた、人と人とのあいだの「世界」がどんどん閉じられていくことへの危機感があるに違いない。

第一章は『全体主義の起原』と二一世紀」、第二章は「『人間の条件』と重要となる活動《アクション》」、第三章は「『精神の生活』を考える」と題されている。そこで、つい読者としては、その三つの著作が概説されているのかと期待してしまうのだが、言ってみれば著者の重点はむしろ、「二一世紀」「重要となる活動《アクション》」「考える」のほうにある。たとえば、ダナ・ヴィラが批判する「許し」の問題への傾注も、複数性という人間の条件、人と人とのあいだで関係をつくり出しながら生きるしかないという人間の試練にとって、「許し」という「活動」が重要となっていくことを、著者は訴える。「許し」や「約束」を道徳的な問題としてではなく、人間のあいだの問題としてとらえること。「判断」や「思考」や「意志」という人間の精神活動をもまた、徹底して人間のあいだの問題としてとらえること。そこには、アーレントに即するというよりも、そこから学んだ著者の、「世界」への徹底した情熱と勇敢さが示されているのではないだろうか。

この訳書が日の目を見るまでには多くの方々に助けていただいた。なかでも、友人の中本義彦さんと福永保代さんには貴重なご助言をいただいた。そして、みすず書房の鈴木英果さんと守田省吾さんには、大変お世話になった。この場をかりて、「世界」へと結びつく友情に心からの感謝の気持ちを表したい。

矢野久美子

二〇〇八年八月

索　引

ア 行

カ 行

サ行

タ 行

ナ 行

ハ 行

マ行

ヤ 行

ラ 行

ワ 行

著者略歴

(Elisabeth Young-Bruehl)

1946年に生まれる．ニューヨークのニュースクール・フォー・ソーシャルリサーチでハンナ・アーレントを指導教官として学び，1974年博士号取得（哲学専攻）．現在　コロンビア大学精神分析訓練研究所研究員．著書に『ハンナ・アーレント伝』（晶文社，1999）『偏見と差別の解剖』（明石書店，2007），*Anna Freud: A Biography*（1988），*Mind and the Body Politic*（1989），*Where Do We Fall When We Fall in Love?*（2003）などがある．

訳者略歴

矢野久美子〈やの・くみこ〉　東京外国語大学大学院博士後期課程修了．現在　フェリス女学院大学国際交流学部教授．思想史専攻．著書に『ハンナ・アーレント，あるいは政治的思考の場所』（みすず書房，2002）『ハンナ・アーレント――「戦争の世紀」を生きた政治哲学者』（中央公論新社，2014），訳書にハンナ・アーレント『アーレント政治思想集成』1・2（共訳，みすず書房，2002）．

E・ヤング＝ブルーエル
なぜアーレントが重要なのか
矢野久美子訳

2008年9月22日　初　版第1刷発行
2017年5月8日　新装版第1刷印刷
2017年5月18日　新装版第1刷発行

発行所 株式会社 みすず書房
〒113-0033 東京都文京区本郷5丁目32-21
電話 03-3814-0131(営業) 03-3815-9181(編集)
http://www.msz.co.jp

本文印刷所 理想社
扉・表紙・カバー印刷所 リヒトプランニング
製本所 誠製本

ISBN 978-4-622-08618-5
[なぜアーレントがじゅうようなのか]